Chemie kompakt
Formeln · Regeln · Gesetze

Karl Häusler

Chemie kompakt

Formeln · Regeln · Gesetze

Oldenbourg

Meiner Familie gewidmet

Das Papier ist aus chlorfrei gebleichtem Zellstoff hergestellt, ist säurefrei und recyclingfähig.

© 1994 Oldenbourg Schulbuchverlag GmbH, München
www.oldenbourg-schulbuchverlag.de

Das Werk und seine Teile sind urheberrechtlich geschützt.
Jede Verwertung in anderen als den gesetzlich zugelassenen
Fällen bedarf deshalb der schriftlichen Einwilligung des Verlags.

1. Auflage 1994
Druck   05   04
Die letzte Zahl bezeichnet das Jahr des Drucks.

Alle Drucke dieser Auflage sind untereinander unverändert
und im Unterricht nebeneinander verwendbar.

Umschlagkonzept: Mendell & Oberer, München
Umschlaggestaltung: Wolfgang Felber, unter Verwendung
einer Grafik von Werner Ring, Speyer
Herstellung: Wolfgang Felber, Ottobrunn
Grafiken: Kösel, Kempten
Satz: Satz + Litho Sporer KG, Augsburg
Druck: Druckerei Appl, Wemding

ISBN 3-486-**88567**-7

Inhalt

Anorganische Chemie

1. Stoffarten.................................. 9
   1.1 Der Stoffbegriff 9
   1.2 Stoffarten: Einteilung................. 9
      1.2.1 Reinstoffe..................... 9
      1.2.2 Gemenge..................... 10
      1.2.3 Übersicht über Stoffarten 11
   1.3 Trennung von Gemengen 11
      1.3.1 Trennung von Feststoff-
          gemischen................... 11
      1.3.2 Trennung von Suspensionen .. 12
      1.3.3 Trennung von Lösungen....... 13
      1.3.4 Abtrennung von Gasen und
          Dämpfen.................... 14
   1.4 Isolieren von Reinstoffen 14
   1.5 Eigenschaften eines Reinstoffes 15
   1.6 Allgemeine Eigenschaften von
      Gefahrstoffen 16
2. Die Luft, ein Gasgemisch. Isolierung der
   Bestandteile.............................. 17
   2.1 Die Luftbestandteile 17
   2.2 Isolierung der Luftbestandteile........ 17
3. Konzentrationsangaben I.................. 18
   3.1 Begriffe 18
   3.2 Der MAK-Wert 18
4. Die chemische Reaktion 19
5. Energiearten 20
   5.1 Der Energiebegriff.................. 20
   5.2 Beispiel von Energieumwandlungen . 20
6. Arten von chemischen Reaktionen........ 21
   6.1 Stoffzerlegung 21
   6.2 Stoffvereinigung 21
   6.3 Stoffumsetzung 21
   6.4 Übersicht über die Arten chemischer
      Reaktionen 21
7. Massenverhältnisse bei chemischen
   Reaktionen.............................. 22
   7.1 Gesetz von der Erhaltung der Masse. 22
   7.2 Gesetz von den konstanten
      Proportionen...................... 22
   7.3 Gesetz von den multiplen
      Proportionen...................... 22
8. Aufbau der Materie aus kleinsten Teilchen.
   Atomhypothese.......................... 23

   8.1 Zustandsarten und Zustands-
      änderungen....................... 23
   8.2 Wärmebewegung 23
   8.3 Diffusion 25
   8.4 Gasdruck 25
9. Die Gasgesetze 25
   9.1 Gesetz von Boyle-Mariotte 25
   9.2 Gesetz von Gay-Lussac............ 25
   9.3 Gesetz von Avogadro 25
   9.4 Gesetz von Gay-Lussac und
      A. Humboldt 25
10. Die Molekülhypothese von Avogadro 26
   10.1 Die Grundlagen................... 26
   10.2 Die Hypothese des Avogadro...... 26
11. Atome-Moleküle-Ionen.................. 26
   11.1 Atome........................... 26
      11.1.1 Atombau................. 26
      11.1.2 Atommasse 27
   11.2 Moleküle 23
      11.2.1 Molekülbau 28
      11.2.2 Molekülmasse 28
   11.3 Ionen 28
   11.4 Teilchenarten..................... 28
12. Die Elemente 29
13. Einfache chemische Formeln 30
   13.1 Die stöchiometrische Wertigkeit.... 30
   13.2 Bedeutung der Formel 31
   13.3 Regeln zum Aufstellen einer
      Formel 31
   13.4 Die Bezeichnung binärer
      Verbindungen..................... 32
   13.5 Regeln zur Angabe des Atom-
      zahlenverhältnisses einer Formel .. 32
14. Die Beschreibung eines chemischen
   Vorgangs 33
   14.1 Beschreibung mit Worten 33
   14.2 Das Reaktionsschema 33
   14.3 Regeln zum Aufstellen eines
      Reaktionsschemas 34
15. Die Einheit der Stoffmenge: Das Mol 34
   15.1 Der Molbegriff.................... 34
   15.2 Die molare Masse 35
   15.3 Molvolumen 35

Inhalt

15.4 Regeln für chemische Berechnungen 36
15.5 Der Informationsinhalt eines Reaktionsschemas 36
16. Konzentrationsangaben II 37
17. Atombau 37
17.1 Die Elektronenhülle 37
17.1.1 Hauptschalen 37
17.1.2 Gesetzmäßige Auffüllung der Elektronenschalen 37
17.2. Die Oktettregel 39
18. Das Periodensystem der Elemente 39
18.1 Kurzperiodensystem 39
18.2 Langperiodensystem 40
18.3 Haupt- und Nebengruppen, Kurz- und Langperiodensystem 40
18.4 Aussagen des Periodensystems ... 41
18.4.1 Stöchiometrische Wertigkeit 41
18.4.2 Metalle – Halbmetalle – Nichtmetalle 41
18.4.3 Atomradius 42
18.4.4 Valenzelektronen 42
19. Die I. Hauptgruppe: Alkalimetalle 42
20. Die II. Hauptgruppe: Erdalkalimetalle 43
21. Die III. Hauptgruppe: Erdmetalle 44
22. Die IV. Hauptgruppe: Kohlenstoffgruppe . 45
23. Die V. Hauptgruppe: Stickstoffgruppe 46
24. Die VI. Hauptgruppe: Chalkogene 46
25. Die VII. Hauptgruppe: Halogene 47
26. Die Hauptgruppe der Edelgase.......... 48
27. Die Übergangselemente 48
28. Bindungslehre 49
28.1 Die Ionenbindung................. 49
28.1.1 Regeln zum Aufstellen der Formeln binärer Salze 50
28.1.2 Anwendung der Regeln zur Formulierung von Salzen 51
28.2 Die Atombindung 51
28.2.1 Die polare Atombindung .. 52
28.2.2 Hydratation 53
28.2.3 Molekülkristalle 53
28.2.4 Der räumliche Bau von Molekülen 53
28.2.5 Regeln zur Anordnung von Elektronenpaaren.......... 54
28.2.6 Anwendung des Konzepts der Elektronenpaarabstoßung auf die Molekülgeometrie................. 55
28.3 Zwischenmolekulare Bindungen... 56
28.3.1 Van-der-Waals-Kräfte....... 56
28.3.2 Dipol-Dipol-Wechselwirkung................... 56
28.3.3 Wasserstoffbrückenbindung 56
28.4 Die Metallbindung 57
29. Regeln zur Formulierung und Bezeichnung einfacher Verbindungen ... 58
29.1 Binäre Salze 58
29.2 Binäre Nichtmetallverbindungen ... 58
29.3 Besondere Namen von Ionen 58
30. Säure-Base-Reaktionen................. 59
30.1 Bildung von Säuren und Laugen .. 59
30.2 Säuren und Basen: Die Theorien von Arrhenius und Brönsted....... 59
30.2.1 Säuren................... 59
30.2.2 Basen.................... 60
30.2.3 Erkennung von Säuren und Basen.................... 60
30.3 Beispiele für Säure-Base-Reaktionen nach Arrhenius und nach Brönsted beim Lösen in Wasser 61
30.4 Eigenschaften von Säuren und Basen 61
30.5 Regeln zum Aufstellen einer Neutralisationsgleichung und für die Bezeichnung von Salzen 62
30.5.1 Regeln für schrittweises Aufstellen einer Neutralisationsgleichung 62
30.5.2 Regeln zur Bezeichnung von Salzen 62
30.6 Reaktionen mit Metallen, Oxiden, Carbonaten 63
30.6.1 Reaktion von Säuren mit Metallen 63
30.6.2 Reaktion von Säuren mit Metalloxiden 63
30.6.3 Entstehung der Wasserhärte 63
30.6.4 Reaktion von Laugen mit Nichtmetalloxiden 63
30.7 Der pH-Wert 64
30.8 Säure-Base-Titration 64

Inhalt

31. Oxidation, Reduktion, Redoxreaktion 65
    - 31.1 Oxidation und Reduktion 65
    - 31.2 Die Oxidationszahl 65
        - 31.2.1 Regeln zur Bestimmung der Oxidationszahl 66
        - 31.2.2 Redoxreaktionen 66
        - 31.2.3 Regeln zum Aufstellen einer Redoxgleichung 67
    - 31.3 Elektrolyse 68
    - 31.4 Galvanische Elemente 69
    - 31.5 Elektrochemische Korrosion 70
32. Die Reaktionsgeschwindigkeit 71
    - 32.1 Begriffe 71
    - 32.2 Katalyse 71
33. Chemisches Gleichgewicht 72
    - 33.1 Das Massenwirkungsgesetz 72
    - 33.2 Beeinflussung des chemischen Gleichgewichts 73
        - 33.2.1 Änderung der Konzentration 73
        - 33.2.2 Änderung des Druckes 73
        - 33.2.3 Katalysatoren 73
        - 33.2.4 Das Prinzip vom kleinsten Zwang 73
        - 33.2.5 Temperaturänderung 73
    - 33.3 Säure-Base-Gleichgewicht 74
    - 33.4 Puffersysteme 75
34. Energieumsatz bei chemischen Reaktionen 75

Chemie der Umwelt

35. Chemie der Atmosphäre und Stratosphäre 77
    - 35.1 Spurengase der Atmosphäre 77
    - 35.2 Der Treibhauseffekt 78
    - 35.3 Das Ozonloch 79
    - 35.4 Smog 80
36. Wasser und Boden 81
    - 36.1 Düngung 81
    - 36.2 Wassergefährdung 81

Organische Chemie

37. Kohlenwasserstoffe 83
    - 37.1 Gesättigte Kohlenwasserstoffe: Alkane 83
        - 37.1.1 Homologe Reihe........... 83
        - 37.1.2 Isomerie 84
        - 37.1.3 Regeln zur Bezeichnung isomerer Alkane 84
        - 37.1.4 Eigenschaften............. 85
        - 37.1.5 Halogenalkane: Substitution 85
    - 37.2 Ungesättigte Kohlenwasserstoffe... 85
        - 37.2.1 Mehrfachbindungen 85
        - 37.2.2 Alkene 85
        - 37.2.3 Alkine.................... 86
    - 37.3 Aromatische Kohlenwasserstoffe... 87
        - 37.3.1 Das Benzol 87
        - 37.3.2 Benzolderivate............ 87
    - 37.4 Molekülstrukturen bei Kohlenwasserstoffen 88
        - 37.4.1 Alkane 88
        - 37.4.2 Alkene 89
        - 37.4.3 Aromaten 89
    - 37.5 Fossile Energieträger 89
38. Funktionelle Gruppen.................. 90
    - 38.1 Begriffserklärung............... 90
    - 38.2 Stoffklassen und ihre funktionelle Gruppe 90
39. Alkohole, Ether, Phenole 91
    - 39.1 Eigenschaften der Hydroxylgruppe. 91
    - 39.2 Einteilung der Alkohole 92
        - 39.2.1 Nach der Stellung der Hydroxylgruppe 92
        - 39.2.2 Nach der Zahl der Hydroxylgruppen 93
    - 39.3 Ether........................... 93
    - 39.4 Aromatische Hydroxylverbindungen..................... 93
        - 39.4.1 Benzylalkohol 93
        - 39.4.2 Phenole 93
40. Aldehyde und Ketone 95
    - 40.1 Aldehyde 95
    - 40.2 Ketone 95
41. Carbonsäuren 96
    - 41.1 Gesättigte Monocarbonsäuren 96
        - 41.1.1 Die homologe Reihe der Monocarbonsäuren 96
        - 41.1.2 Eigenschaften 96
    - 41.2 Ungesättigte Monocarbonsäuren .. 96
    - 41.3 Dicarbonsäuren 97
    - 41.4 Aromatische Carbonsäuren........ 97

Inhalt

41.5 Substituierte Carbonsäuren 97
 41.5.1 Halogencarbonsäuren 97
 41.5.2 Hydroxycarbonsäuren 97
 41.5.3 Ketocarbonsäuren 98
 41.5.4 Aminocarbonsäuren 98
42. Amine 100
 42.1 Aliphatische Amine 100
 42.2 Aromatische Amine 100
43. Seifen, Tenside......................... 101
 43.1 Seifen und Waschvorgang........ 101
 43.2 Einteilung der Tenside 102
44. Ester 103
 44.1 Veresterung, Verseifung 103
 44.2 Ester in Natur und Technik 103
45. Fette 104
 45.1 Aufbau......................... 104
 45.2 Eigenschaften................... 104
46. Eiweiß 105
 46.1 Die Bildung von Polypeptiden 105
 46.2 Proteine – Struktur 106
 46.3 Eigenschaften der Proteine 107
47. Kohlenhydrate 107
 47.1 Einteilung 107
 47.2 Monosccharide 108
 47.3 Disaccharide.................... 109
 47.4 Polysaccharide 110
 47.5 Die Verarbeitung der Cellulose ... 110

48. Kunststoffe 111
 48.1 Begriffsbestimmung............... 111
 48.2 Herstellung von halbsynthetischen
  Kunststoffen..................... 111
  48.2.1 Cellulosederivate 111
  48.2.2 Kunsthorn, ein Protein-
   derivat 112
 48.3 Die vollsynthetische Herstellung
  von Kunststoffen 112
  48.3.1 Polykondensation......... 112
  48.3.2 Polymerisation 113
  48.3.3 Polyaddition.............. 115
 48.4 Duroplaste, Thermoplaste,
  Elastomere...................... 115
 48.5 Additive, Füllstoffe, Weichmacher.. 115
 48.6 Silicone 116
49. Physiologische Wirkstoffe 117
 49.1 Enzyme......................... 117
 49.2 Vitamine 117
 49.3 Hormone 119
50. Nachweisreaktionen 120
 50.1 Anorganische Chemie 120
 50.2 Organische Chemie 123

Literatur- und Bildquellenverzeichnis 125

Stichwortverzeichnis 126

Anorganische Chemie

1. Stoffarten

1.1 Der Stoffbegriff

Jeder Körper besteht aus einem oder mehreren **Stoffen.** Jede Stoffportion hat eine *bestimmte Masse* und nimmt ein *bestimmtes Volumen* ein. An Stelle des Begriffes Stoff sind auch die Wörter **Substanz, Material, Materie** gebräuchlich. Früher zählte man zu den Stoffen auch den Lichtstoff, den Wärmestoff. Das sind keine Stoffe, da sie weder eine Masse besitzen noch ein Volumen einnehmen.

1.2 Stoffarten: Einteilung

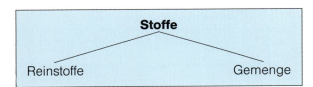

Jeder **Reinstoff** hat bei einer bestimmten Temperatur und unter gleichem Druck immer die *gleichen (konstanten),* aber nur für ihn zutreffenden *Eigenschaften.*

Reinstoffe

Beispiele	Schmelz-punkt	Siede-punkt	Dichte
Aluminium	660 °C	2467 °C	2,698 g/cm³
Gold	1064 °C	2807 °C	19,32 g/cm³
Methan	−182 °C	−164 °C	0,72 g/l

Ein **Gemenge** hat im Unterschied zu einem Reinstoff *keine konstanten Eigenschaften.* Diese hängen vom *Mischungsverhältnis* der einzelnen Bestandteile ab, aus denen das Gemenge zusammengesetzt ist. Dieses Mischungsverhältnis kann innerhalb weiter Grenzen schwanken.

An Stelle von Gemenge sagt man auch **Mischung** oder **Stoffgemisch.**
Beispiel: Flußwasser ist ein Gemenge aus Wasser und den darin enthaltenen Bestandteilen. Es kann klar, trüb oder braun sein. Die Farbe hängt von den Bestandteilen ab. Im klaren Flußwasser sind diese mit dem Auge nicht zu erkennen. Dennoch ist es ein Gemenge.

1.2.1 Reinstoffe

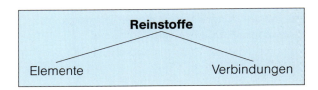

Elemente sind Reinstoffe, die chemisch in *keine weiteren* Bestandteile zerlegt werden können. Sie werden auch **Grundstoffe** genannt.
Man kennt über 100 Elemente. Die meisten sind Metalle.

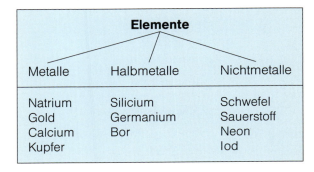

Verbindungen sind Reinstoffe, die aus *mehreren Elementen* aufgebaut sind. Sie können mit chemischen Mitteln in *weitere Bestandteile zerlegt* werden. In einer Verbindung befinden sich die aufbauenden Elemente in einem *bestimmten Massenverhältnis.*
Man kennt über 5 Millionen Verbindungen. Die meisten sind *organische Verbindungen.* Das sind *Verbindungen des Kohlenstoffs.*

1. Stoffarten *Verbindungen, Gemenge*

Verbindungen	
Anorganische Verbindungen	Organische Verbindungen
Soda	Methan
Wasser	Harnstoff
Calciumoxid	Traubenzucker
Salpeter	Glycerin

1.2.2 Gemenge

Die in einem Gemenge nebeneinander vorkommenden Stoffbereiche nennt man **Phasen**. Sind die Phasen einheitlich, ist es ein **homogenes Gemisch** oder **Gemenge**.

Homogene Gemenge

Phasen der Bestandteile	Beispiel	Bezeichnung
gasförmig – gasförmig	Luft (Stickstoff und Sauerstoff als Hauptbestandteile)	Gasgemisch
flüssig – flüssig	Speiseessig (Wasser und Essigsäure)	Lösung
fest – flüssig	Meerwasser (Wasser und gelöste Salze)	Lösung
fest – fest	Messing (Kupfer und Zink)	Legierung*

* Legierungen entstehen beim Zusammenschmelzen von Metallen

Sind die Phasen eines Gemenges leicht zu unterscheiden, ist es ein **heterogenes Gemisch** oder Gemenge.

Beispiel: Der Sand am Strand des Meeres erscheint von der Ferne einheitlich. Betrachtet man ihn mit der Lupe, können verschiedene Bestandteile festgestellt werden. Sand ist ein heterogenes Gemisch.

In der *Umwelt* spielen Aerosole und Smog eine Rolle.

Bei einem **Aerosol** können in der Luft kleinste Flüssigkeitströpfchen oder Staubteilchen oder beides verteilt sein.

Beim **Photo-Smog,** auch *Los-Angeles Smog* genannt, sind in der Luft aus Abgasen durch Lichteinwirkung gebildete Verbindungen enthalten, die die Gesundheit und das Pflanzenleben beeinträchtigen (Kap. 35. 4).

Beim **sauren Smog** oder *London Smog* sind in der Luft erhöhte Anteile an Rauch und Schwefeldioxid vorhanden. Diese führen zu verstärkter Nebelbildung und beeinträchtigen vor allem die Atmungsorgane (Kap. 35. 4).

Heterogene Gemenge

Phasen der Bestandteile	Beispiel	Bezeichnung
fest – fest	Granit aus Quarz, Feldspat, Glimmer; Schießpulver	Gemenge, Nagelfluh
fest – flüssig	Flußtrübe (Lehm, Sand in Wasser, Schlamm)	Suspension
fest – gasförmig	Rußteilchen in Verbrennungsgasen	Rauch
flüssig – flüssig	Fetttröpfchen in Wasser (Milch)	Emulsion**
flüssig – gasförmig	Luftblasen in Seifenwasser, Wassertröpfchen in Luft	Schaum, Nebel, Spray

** Ist das Öl tröpfchenförmig in Wasser verteilt, spricht man von einer *Öl-in-Wasser-Emulsion* (O/W). Ist das Wasser tröpfchenförmig in Öl verteilt, liegt eine *Wasser-in-Öl-Emulsion* (W/O) vor.

1. Stoffarten *Übersicht, Trennung von Gemengen*

1.2.3 Übersicht über Stoffarten

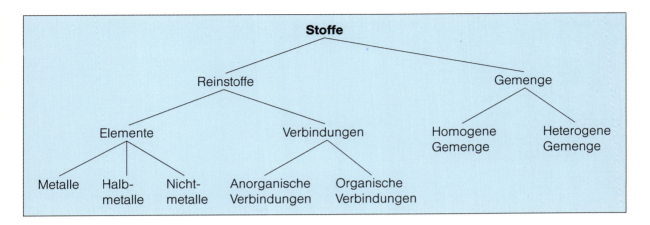

1.3 Trennung von Gemengen

Gemenge, die aus nur zwei verschiedenen Stoffen bestehen, sind leichter in die Bestandteile zu trennen als ein Gemenge, das aus mehreren Stoffen zusammengesetzt ist. Die Abtrennung von Stoffen aus Gemengen spielt nicht nur im Labor und in der Industrie, sondern auch in Haushalt und Handwerk eine große Rolle. Im folgenden werden die wichtigsten Trennverfahren behandelt.

1.3.1 Trennen von Feststoffgemischen

Verfahren		Vorgang	Beispiele
Sieben	Grobkies – Sieb / Feinkies	**Lockere Feststoffgemische** können aufgrund der Korngröße mit einem Sieb getrennt werden	Grob- und Feinkies im Kieswerk, Steine und Sand, Steine und Gartenerde
Magnetscheiden	Magnet / Eisen / Eisen und Sand	Mit einem Magnet werden **ferromagnetische Stoffe** von nichtmagnetischen Stoffen getrennt	Aluminium- und Eisenschrott, Eisen aus Müll

1. Stoffarten *Trennung von Feststoffen, Suspensionen*

Verfahren	Vorgang	Beispiele
Sublimation 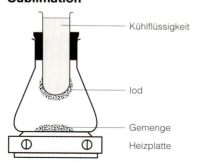	**Sublimierbare Stoffe** können durch Erwärmen von anderen Feststoffen abgetrennt werden	Reine Farbstoffe aus dem Reaktionsgemisch
Flotation 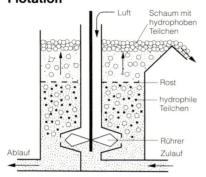	**Feinkörniges Gemenge** wird in Wasser mit Schaumbildnern vermischt und Luft eingeblasen. Die aufsteigenden Schaumblasen reißen schwer benetzbare Feststoffteilchen nach oben und trennen sie von den leicht benetzbaren.	Aufbereitung von Erzen, bei der Abwasserreinigung zur Abtrennung von feineren Feststoffteilchen
Schlämmen 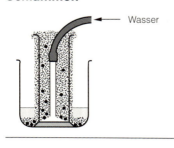	Ein Wasserstrom trennt Feststoffteilchen aufgrund ihrer **unterschiedlichen Dichte**.	Goldschlämmen, Trennen von Kies und Sand in einem Fluß

1.3.2 Trennung von Suspensionen

Sedimentieren 	In einer Flüssigkeit setzt sich ein Feststoff aufgrund der **größeren Dichte** ab, er „sedimentiert": **(Sedimentation)**	Absetzen von Sand in einem ruhigen Gewässer

1. Stoffarten *Trennung von Suspensionen, Lösungen*

Verfahren	Vorgang	Beispiele
Dekantieren 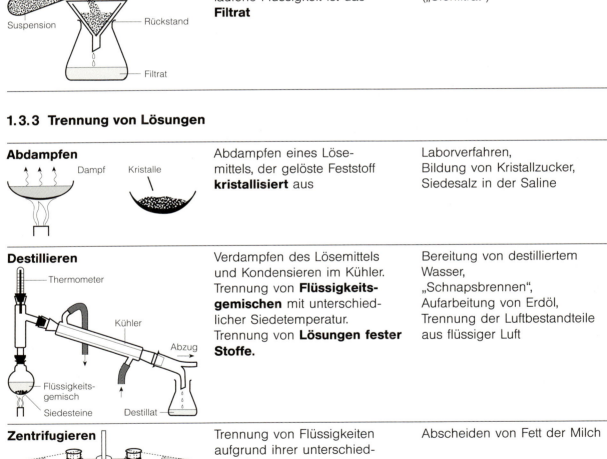	Abgießen einer überstehenden Flüssigkeit vom **abgesetzten Stoff** (Sediment)	Abgießen des Kochwassers von Salzkartoffeln, Abgießen einer Flüssigkeit von einer Fällung
Filtrieren	Trennung einer **Suspension** mit einem Filter. Im Filter bleibt der **Rückstand**, die durchgelaufene Flüssigkeit ist das **Filtrat**	Laborverfahren, Bereiten von Filterkaffee, Trinkwasseraufbereitung („Uferfiltrat")

1.3.3 Trennung von Lösungen

Abdampfen	Abdampfen eines Lösemittels, der gelöste Feststoff **kristallisiert** aus	Laborverfahren, Bildung von Kristallzucker, Siedesalz in der Saline
Destillieren	Verdampfen des Lösemittels und Kondensieren im Kühler. Trennung von **Flüssigkeitsgemischen** mit unterschiedlicher Siedetemperatur. Trennung von **Lösungen fester Stoffe.**	Bereitung von destilliertem Wasser, „Schnapsbrennen", Aufarbeitung von Erdöl, Trennung der Luftbestandteile aus flüssiger Luft
Zentrifugieren 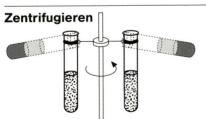	Trennung von Flüssigkeiten aufgrund ihrer unterschiedlichen **Dichte**	Abscheiden von Fett der Milch

13

1. Stoffarten *Trennung von Gasgemischen, Isolieren von Reinstoffen*

Verfahren	Vorgang	Beispiele
Extrahieren	Behandeln eines Gemenges mit einem Lösemittel. Die **löslichen** Bestandteile werden von den **unlöslichen** getrennt.	Fett aus Samen lösen, Teebereitung aus Teeblättern, Aromastoffe aus Pflanzenteilen gewinnen

1.3.4 Abtrennung von Gasen und Dämpfen

Adsorption	**Bindung von Gasen und Dämpfen** an der Oberfläche von Feststoffen mit großer „innerer" Oberfläche	Gasmaskenfilter, Filtertuch in der Abzugshaube über dem Küchenherd

1.4 Isolieren von Reinstoffen

Mit den beschriebenen Verfahren erhält man nur selten einen Reinstoff, z. B. destilliertes Wasser. Für die Isolierung von Reinstoffen aus einem Gemenge stehen heute mehrere Verfahren zur Verfügung.

Umkristallisieren
Dabei wird die *unterschiedliche Löslichkeit* der Stoffe ausgenützt. Wird das Stoffgemisch bis zur Grenze der Löslichkeit in heißem Wasser gelöst, kristallisiert beim Abkühlen zuerst der gewünschte (im Überschuß vorhandene) Reinstoff aus. Die Verunreinigungen bleiben (noch) in Lösung. Nach mehrmaligem Umkristallisieren erhält man einen Stoff hoher Reinheit.

Chromatographie
Das Stoffgemisch wird dabei in eine *bewegliche Phase* (Gas, Flüssigkeit) gebracht und in einer zweiten, *stationären* Phase durch *Adsorption* oder *Lösung* verteilt. Die Trennung erfolgt dadurch, daß die verschiedenen Stoffe je nach ihren Eigenschaften und der adsorbierenden Wirkung der stationären Phase von dieser verschieden stark festgehalten werden. Es kommt zu einem Verteilungsgleichgewicht zwischen Adsorption an die stationäre Phase und Lösung in der beweglichen Phase.

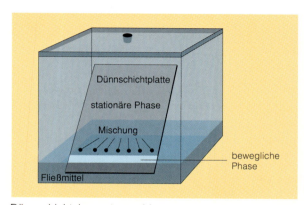

Dünnschichtchromatographie

1. Stoffarten *Zonenschmelzen, Stoffeigenschaften*

Die wichtigsten Arten sind **Säulen-, Dünnschicht-** und **Gaschromatographie**.
Mit Hilfe der Chromatographie kann man kleine Stoffmengen trennen; der erzielte Reinheitsgrad ist außerordentlich hoch.

Zonenschmelzen

Es beruht darauf, daß eine in einer Schmelze vorhandene Verunreinigung meistens mit der Schmelzzone wandert. Beim Zonenschmelzen wird der *Erstarrungsvorgang* häufig wiederholt, während die Schmelze in axialer Richtung verschoben wird. Mit diesem Verfahren erhält man Stoffe höchster Reinheit. Dies ist bei der Herstellung von Reinstsilicium Voraussetzung; dabei kommt etwa auf 1 Milliarde Siliciumatome 1 Fremdatom.

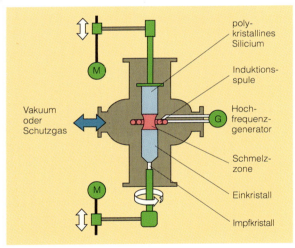

Zonenschmelzen: Am polykristallinen Siliciumstab wird unten ein Tropfen erschmolzen. Er kommt mit dem Impfkristall in Kontakt. Es entsteht ein Einkristall. Der Stab wird während des Vorgangs langsam bewegt.

1.5 Eigenschaften eines Reinstoffes

Zu beachten: Gemenge haben einen Schmelz- und Siedebereich. Reinstoffe haben einen scharfen Schmelz- und Siedepunkt. So kann man Reinstoffe und Gemenge unterscheiden.

Reinstoff

Geruch
Wird umschrieben, z. B.
stechend: Schwefeldioxid
reizend: Salmiakgeist
obstartig: Ester
süßlich: Chloroform
geruchlos: Luft
Geruchsproben sind wegen evtl. schädlicher Stoffe gefährlich!

Farbe
Wichtig bei Indikatoren und Teststäbchen (Kap. 30.2.3)

Geschmack
süß: Zucker
salzig: Kochsalz
bitter: Chinin
sauer: Essig
seifig: Natronlauge

Schmelzpunkt
= Schmelztemperatur, Erstarrungspunkt
fest ⇌ flüssig

Siedepunkt
= Siedetemperatur, Kondenspunkt
flüssig ⇌ gasförmig
abhängig vom Luftdruck
(bez. auf Normaldruck = 1013 mbar)

Dichte
$$\text{Dichte} = \frac{\text{Masse (g)}}{\text{Volumen (cm}^3\text{)}}$$

Gase g/l bei Normalbedingungen (0°C, 1013 mbar)

Löslichkeit
= Masse (g) in 100 g Lösemittel; temperaturabhängig, bezogen auf ein bestimmtes Lösemittel

Elektrische Leitfähigkeit

Stoff	fest	Schmelze	gelöst in Wasser
Metall	+	+	−
Salze	−	+	+
Säuren	−	−	+
Organ. Verbdg.	−	−	−

1. Stoffarten *Gefahrstoffe*

1.6 Allgemeine Eigenschaften von Gefahrstoffen

Gefahrstoffe **Explosionsgefährlich**
z. B. Knallgas

Brandfördernd
z. B. Kaliumpermanganat

Hochentzündlich
z. B. Methan

Leichtentzündlich
z. B. Methanol

Krebserzeugend
z. B. Benzol

Ätzend
z. B. Schwefelsäure

Reizend
z. B. Ammoniaklösung

Sehr giftig
z. B. Arsenik

Giftig
z. B. Anilin

Mindergiftig
z. B. Kupfersalze

2. Die Luft, ein Gasgemisch. Isolierung der Bestandteile

2.1 Die Luftbestandteile

Luft, auch „reine Luft", ist im Sinne der Chemie ein **Gemisch mehrerer Gase.** Die Hauptbestandteile sind Stickstoff und der lebenswichtige Sauerstoff. An dritter Stelle steht bereits, aber mit weitem Abstand, das Edelgas Argon; dann folgt das für die Photosynthese der Pflanzen wichtige Kohlenstoffdioxid. Die übrigen Bestandteile kommen nur in kaum feststellbaren Spuren vor. Die Luft ermöglicht aufgrund ihrer Bestandteile das Leben auf dem Planeten Erde. Durch Emissionen gelangen Luftschadstoffe in die Atmosphäre (Näheres S. 77).

2.2 Isolierung der Luftbestandteile

Die Trennung der Luftbestandteile erfolgt durch **fraktionierte Destillation** flüssiger Luft. Zur Verflüssigung der Luft wird diese unter gleichzeitiger Kühlung komprimiert und anschließend wieder entspannt. Nach mehreren Schritten von Kompression und Expansion (Entspannung) sinkt die Temperatur so tief, daß sich die Luft verflüssigt. Nun können die einzelnen Bestandteile aufgrund ihrer Siedepunkte durch Destillation isoliert werden. Die technischen Voraussetzungen für die Luftverflüssigung schuf der deutsche Ingenieur *Carl von Linde*. Da die Luft ein Gasgemisch ist, kann man die einzelnen Bestandteile aufgrund ihrer unterschiedlichen Siedepunkte aus der flüssigen Luft abtrennen. Das Verfahren wird „fraktionierte Destillation flüssiger Luft" genannt. In der Technik spielt dieser Prozeß für die Gewinnung von Stickstoff und Sauerstoff eine große Rolle.

Siedepunkt	°C
Stickstoff	– 196
Sauerstoff	– 183
Argon	– 186
Kohlenstoffdioxid	– 78,5

Zusammensetzung der Luft in Meereshöhe

	Bestandteil	chemisches Zeichen	Volumenanteil in %	Massenanteil in %
Hauptbestandteile	Stickstoff	N_2	78,08	75,52
	Sauerstoff	O_2	20,95	23,01
Hauptspurenstoffe	Argon	Ar	0,93	1,29
	Kohlenstoffdioxid	CO_2	0,034*	0,052
	Neon	Ne	0,0018	0,0012
	Helium	He	0,0005	0,00007
	Methan	CH_4	0,00016**	0,00009
	Krypton	Kr	0,00011	0,0003
	Wasserstoff	H_2	0,00005	0,000004
	Distickstoffoxid	N_2O	0,00003***	0,00002
	Kohlenstoffmonooxid	CO	0,00002	0,00002
	Xenon	Xe	0,000009	0,00004

relativer Anstieg zur Zeit: *ca. 0,3 – 0,4 % pro Jahr, **ca. 1 – 2 % pro Jahr, ***ca. 0,2 % pro Jahr

3. Konzentrationsangaben I

3.1 Begriffe

Unter **Konzentration** versteht man den Massenanteil oder Volumenanteil eines Bestandteiles an einem Gemisch.

Massenanteil in % — In einer x-%igen Lösung befinden sich x Gramm des gelösten Stoffes in 100 g Lösung.
Beispiel: In einer 5-%igen Kochsalzlösung sind 5 g Kochsalz in 95 g Wasser gelöst.

Volumenanteil in % — In einer x-%igen Lösung befinden sich x Milliliter in 100 ml Lösung.
Beispiel: In Weinbrand von „38 Vol% Alkohol" sind 38 ml Alkohol in 62 ml Wasser gelöst.

1 ppm (**p**art **p**er **m**illion) bedeutet 1 Teil von 1 Million Teile

Beispiel:

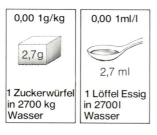

1 ppb (**p**art **p**er **b**illion) bedeutet 1 Teil von 1 Milliarde Teile.

Beachte: b *billion,* amerikan. für Milliarde.

Beispiel:

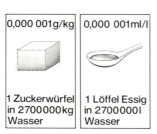

3.2 Der MAK-Wert

Der **MAK-Wert** (**m**aximale **A**rbeitsplatz**k**onzentration) ist die *höchstzulässige Konzentration eines Arbeitsstoffes am Arbeitsplatz,* die nach dem gegenwärtigen Stand der Kenntnis bei in der Regel achtstündiger Exposition, bei Einhaltung einer durchschnittlichen Wochenarbeitszeit von 40 Stunden im allgemeinen die Gesundheit der Beschäftigten nicht beeinträchtigt und diese nicht unangemessen belästigt.

Beispiele für MAK-Werte

Stoff	ml/m^3 (ppm)
Aceton	100
Ameisensäure	5
Butan	1000
Chlor	0,5
Essigsäure	10
Nikotin	0,07
Quecksilber	0,01
Schwefeldioxid	2
Trichlormethan	10

Die Senatskommission zur Prüfung gesundheitsschädlicher Arbeitsstoffe der Deutschen Forschungsgemeinschaft (DFG) veröffentlicht jährlich eine Liste der MAK-Werte. Dabei können Änderungen gegenüber früheren Listen auftreten. Diese sind aufgrund neuer toxikologischer, arbeitsmedizinischer und industriehygienischer Erfahrung mit Stoffen veranlaßt worden. Ein MAK-Wert garantiert also keine absolute Sicherheit, da er nur den aktuellen Kenntnisstand der Wissenschaft berücksichtigen kann. Er gilt für gesunde Personen im erwerbsfähigen Alter. Für Risikogruppen genügen MAK-Werte nicht. Schwangere dürfen die MAK-Werte nicht vorbehaltlos übernehmen, weil ihre Beachtung den Schutz des ungeborenen Kindes vor einer fruchtschädigenden Wirkung nicht garantiert.

4. Chemische Reaktion *Stoff- und Energieumsatz*

4. Die chemische Reaktion

Beispiel:

Erdgas + Sauerstoff $\xrightarrow{\text{Wärme wird frei}}$ Kohlenstoffdioxid + Wasser

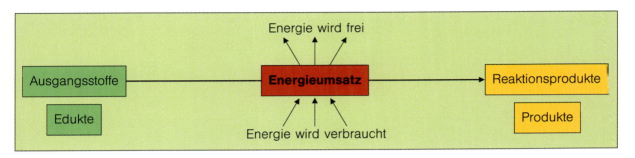

Beispiel:

Kalkstein $\xrightarrow{\text{Wärme wird zugeführt}}$ Branntkalk + Kohlenstoffdioxid

Wesentlich:
Bildung **neuer Stoffe** unter **Energieumsatz**.
Energie wird frei: **exotherme Reaktion**;
Energie wird verbraucht: **endotherme Reaktion**.

Beachte:
Damit eine chemische Reaktion einsetzt, muß **Aktivierungsenergie** zugeführt werden, *auch* bei einer exothermen Reaktion.

Übersicht über die Energiebeteiligung an chemischen Reaktionen

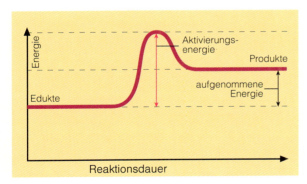

Endotherme Reaktion

Produkte **energiereicher** als Ausgangsstoffe

Beispiel: Photosynthese

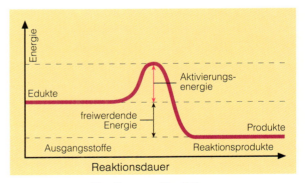

Exotherme Reaktion

Produkte **energieärmer** als Ausgangsstoffe

Beispiel: Verbrennung von Benzin

5. Energiearten

5.1 Der Energiebegriff

Energie bedeutet die Fähigkeit, Arbeit zu verrichten. Energie kann nicht geschaffen, aber auch nicht vernichtet werden. Energiearten können ineinander umgewandelt werden.

„Wenn aber die Energie nicht verbraucht oder vernichtet werden kann – warum gibt es dann überhaupt Energieprobleme? Die Antwort: Bei jedem Energieumwandlungsvorgang wird ein Teil der ursprünglichen Energie entwertet. Dieser nicht nutzbare Anteil wird als „Verlust" an die Umgebung abgegeben." (IZE)

Energiearten	Beispiel
Mechanische Energie – Bewegungsenergie oder kinetische Energie	fließendes Wasser, explodierendes Gefäß,
Wärmeenergie oder thermische Energie („Wärme")	Wärme brennenden Gases
Chemische Energie	in chemischen Verbindungen gespeicherte Energie
Elektrische Energie	elektrischer Strom
Elektromagnetische Strahlungsenergie	Wärmestrahlung eines glühenden Drahtes, sichtbares Licht, UV-Strahlung
Kernenergie	bei Atomkernspaltung freiwerdende Energie

5.2 Beispiel von Energie-umwandlungen

Chemische Energie durch Verbrennen von Gas ⟶ Wärme
Wärme erhitzt Wasser ⟶ Wasserdampf
Wasserdampf verrichtet an Turbinen Ausdehnungsarbeit. Innere Energie des Dampfes wird z.T. in mechanische Energie umgewandelt.
Mechanische Energie der Turbine erzeugt im Generator elektrische Energie ⟶ elektrische Energie.
Elektrische Energie bringt einen Lampendraht zum Glühen ⟶ elektromagnetische Strahlungsenergie in Form von Licht.
Licht ⟶ Zersetzung der lichtempfindlichen Schicht eines photographischen Filmes.

Energie wird nicht verbraucht, aber entwertet.
„Jede Energienutzung ist gleichbedeutend mit einer Energieumwandlung. Beispielsweise wandelt die Kaffeemaschine elektrische Energie in Wärmeenergie um. Diese wird an das Wasser und als Verlust an die Umgebung abgegeben. Letztlich wird so die gesamte eingesetzte Energie entwertet, der Wert des Produktes jedoch steigt: Aus Kaffeepulver und Wasser wird ein belebendes Getränk." (IZE)
Das Beispiel macht deutlich, daß die für einen bestimmten Vorgang aufgewandte Energiemenge nur zum Teil als „Nutzenergie" wirksam wird. Das Verhältnis von Nutzenergie zu eingesetzter Energie ist der **Wirkungsgrad.** Er ist beim Pkw mit ca. 0,2 sehr gering.

6. Chemische Reaktion *Zerlegung, Vereinigung, Umsetzung*

6. Arten von chemischen Reaktionen

6.1 Stoffzerlegung

Manchmal auch Analyse genannt.
Aus einer Verbindung entstehen
a) Elemente

Beispiele:
Silberoxid ⟶ Silber + Sauerstoff
Kupferchlorid ⟶ Kupfer + Chlor

b) einfachere Verbindungen und Elemente

Beispiel:
Kaliumnitrat ⟶ Kaliumnitrit + Sauerstoff

c) einfachere Verbindungen

Beispiel:
Kalkstein ⟶ Branntkalk + Kohlenstoffdioxid

6.2 Stoffvereinigung

Manchmal auch Synthese genannt.
Aus einfachen Stoffen entsteht eine Verbindung
a) aus zwei verschiedenen Elementen

Beispiele:
Eisen + Schwefel ⟶ Eisensulfid
Magnesium + Sauerstoff ⟶ Magnesiumoxid

b) aus zwei Verbindungen

Beispiele:
Branntkalk + Wasser ⟶ Löschkalk
Kohlenstoffdioxid + Wasser ⟶ Kohlensäure

6.3 Stoffumsetzung

Bei der Reaktion einer Verbindung mit einem Element oder einer anderen Verbindung entstehen neue Verbindungen:
a) Reaktion einer Verbindung mit einem Element

Beispiele:
Quecksilbersulfid + Eisen ⟶ Quecksilber + Eisensulfid
Bleioxid + Kohlenstoff ⟶ Blei + Kohlenstoffdioxid

b) Reaktion von zwei Verbindungen

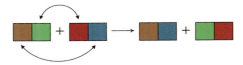

Beispiele:
Löschkalk + Kohlenstoffdioxid ⟶ Calciumcarbonat + Wasser
Natriumchlorid + Silbernitrat ⟶ Natriumnitrat + Silberchlorid

6.4 Übersicht über die Arten chemischer Reaktionen

Bei jeder chemischen Reaktion bleiben die in den Ausgangsstoffen vorhandenen Elemente erhalten. Neue Elemente entstehen nicht!

7. Massengesetze bei chemischen Reaktionen

7. Massenverhältnisse bei chemischen Reaktionen

7.1 Gesetz von der Erhaltung der Masse

> Die Summe der Massen der Ausgangsstoffe ist bei chemischen Reaktionen gleich der Summe der Massen der Reaktionsprodukte.

Masse kann weder geschaffen noch vernichtet werden.

Beispiele:

2 g Wasserstoff + 16 g Sauerstoff $\longrightarrow$ 18 g Wasser
40 g Calcium + 16 g Sauerstoff $\longrightarrow$ 56 g Branntkalk
14 g Stickstoff + 3 g Wasserstoff $\longrightarrow$ 17 g Ammoniak
9 g Wasser + 22 g Kohlenstoffdioxid
$\qquad\qquad\qquad\qquad \longrightarrow$ 31 g Kohlensäure
29 g Silberoxid $\longrightarrow$ 27 g Silber + 2 g Sauerstoff

> Nach der Quantenphysik kann Masse in Energie umgewandelt werden, so daß der obige Satz seine volle Gültigkeit verloren hat. Bei chemischen Reaktionen ist die Energie, die in Masse umgewandelt wird, aber so gering, daß der Betrag vernachlässigt wird.

Einstein entdeckte den Zusammenhang von Masse und Energie.

Einsteinsche Formel: $\mathbf{E = m \cdot c^2}$

c *Lichtgeschwindigkeit;* m *Masse*

7.2 Gesetz von den konstanten Proportionen

> Das Verhältnis der Massen von zwei Elementen, die sich zu einer chemischen Verbindung vereinigen, ist konstant.

Eine Verbindung besitzt im Gegensatz zu einem Gemenge eine konstante Zusammensetzung.

Beispiele	Massenverhältnis
Wasser	Wasserstoff : Sauerstoff = 1 : 8
Branntkalk	Sauerstoff : Calcium = 2 : 5
Methan	Wasserstoff : Kohlenstoff = 1 : 3
Benzol	Wasserstoff : Kohlenstoff = 1 : 12
Schwefeldioxid	Schwefel : Sauerstoff = 1 : 1

7.3 Gesetz von den multiplen Proportionen

> Die Verhältnisse der Massen von zwei Elementen, die sich zu verschiedenen Verbindungen vereinigen, stehen zueinander im Verhältnis einfacher ganzer Zahlen.

Beispiele	Massenverhältnis
Distickstoff-monooxid	Stickstoff : Sauerstoff = 1 : 0,57
Stickstoff-monooxid	Stickstoff : Sauerstoff = 1 : 2 · 0,57
Distickstoff-trioxid	Stickstoff : Sauerstoff = 1 : 3 · 0,57
Stickstoff-dioxid	Stickstoff : Sauerstoff = 1 : 4 · 0,57
Distickstoff-pentoxid	Stickstoff : Sauerstoff = 1 : 5 · 0,57

Blei und Sauerstoff verbinden sich zu drei verschiedenen Verbindungen:
Bleimonooxid (gelbes oder rotes Pulver),
Mennige (leuchtend rot),
Bleidioxid (schwarz).

Beispiele	Massenverhältnis
Bleimonooxid	Blei : Sauerstoff = 13 : 1
Mennige	Blei : Sauerstoff = (13 · 3) : 4
Bleidioxid	Blei : Sauerstoff = 13 : 2

8. Atomhypothese *Zustandsarten, Wärmebewegung*

8. Aufbau der Materie aus kleinsten Teilchen Atomhypothese

1. Die kleinste, bei einer chemischen Reaktion unteilbare Masseneinheit ist das Atom.
2. Die Atome eines bestimmten Elements besitzen im Durchschnitt gleiche Masse (s. S. 27).
3. Die Atome verschiedener Elemente haben unterschiedliche Masse.
4. Bei chemischen Reaktionen kommt es zu einer Trennung der Atome in den Ausgangsstoffen und zu einer neuen Kombination von Atomen in den Reaktionsprodukten.
5. Wegen der Unteilbarkeit der Atome treten in einer Verbindung die Atome in bestimmten, ganzzahligen Verhältnissen auf.

8.1 Zustandsarten und Zustandsänderungen

Gestalt des Stoffes	bestimmte Form	angepaßt	Keine
Anordnung der Teilchen			
Aggregatzustand und Zustandsänderung	fest ⇄ (Schmelzen / Erstarren) flüssig ⇄ (Verdampfen / Kondensieren) gasförmig		
Bewegung der Teilchen	Schwingen	Gleiten	frei beweglich
Zusammenhalt der Teilchen	stark	locker	kein

Beispiele	fest	flüssig	gasförmig
Eis	→ 0°C →	100°C →	
Neon	→ −248,6°C →	−246,0°C →	
Wolfram	→ 3410°C →	5660°C →	

Nach dem Teilchenmodell befinden sich die Teilchen in einem Feststoff durch starke Anziehungskräfte miteinander verbunden. In einer Flüssigkeit sind die Teilchen gegeneinander beweglich. In einem Gas wirken kaum noch Anziehungskräfte zwischen den Teilchen. Wärmezufuhr bzw. Abkühlen beeinflußt die Wirkung der Anziehungskräfte. Darauf beruhen die Zustandsänderungen.

8.2 Wärmebewegung

Die Teilchen eines **Festkörpers** *schwingen* um eine bestimmte Ruhelage.
Die Teilchen von **Flüssigkeiten** und **Gasen** befinden sich ständig in *regelloser Bewegung*, die mit steigender Temperatur größer wird.
Brownsche Bewegung: Die unsichtbaren Teilchen einer Flüssigkeit stoßen bei ihrer Wärmebewegung an sichtbare Teilchen der Flüssigkeit (z. B. Blütenstaubkörner) und versetzen diese in eine regellose Zitterbewegung, die **Brownsche Bewegung**. Die unsichtbare Eigenbewegung der Teilchen wird auch **Wärmebewegung** genannt. Die **Temperatur** ist ein Maß für den **Bewegungszustand** der Teilchen. Beim Erwärmen wird die Teilchenbewegung beschleunigt. Darauf beruht die *Änderung des Aggregatzustandes*.

8. Atomhypothese *Zustandsänderung*

Zustandsänderung von Stoffen

Begriffe	Vorgang	Beispiele
Schmelzen	Die Teilchen eines Feststoffes verlassen beim Erwärmen ihre Plätze im Kristall und bilden eine Flüssigkeit.	Eis schmilzt, Schnee taut, Gießmetall wird flüssig
Sieden	Die Teilchen bilden im Innern einer Flüssigkeit Dampfblasen	Tee siedet, Geysir wirft Wasser explosionsartig aus
Verdampfen	Die Teilchen verlassen bei der Siedetemperatur die Oberfläche der Flüssigkeit und bilden Dampf (Gas)	Wasser kocht, Salzlösung destilliert
Verdunsten	Die Teilchen verlassen unterhalb der Siedetemperatur die Flüssigkeit	Wäsche trocknet, Schweiß wird abgegeben, Regenwasser verschwindet
Kondensieren	Die Teilchen eines Dampfes bilden Flüssigkeitstropfen	Wolkenbildung, Kondensstreifen eines Flugzeuges
Erstarren	Die Teilchen einer Flüssigkeit bilden bei der Erstarrungstemperatur (= Gefrierpunkt, Schmelzpunkt) einen festen Teilchenverband (Gitter)	Wasser gefriert, „Bleigießen", Lava erstarrt
Sublimieren	Ein Feststoff geht direkt in den gasförmigen Zustand über	Iod sublimiert
Resublimieren	Die Teilchen eines Dampfes gehen direkt in den festen Zustand über	Iod resublimiert

8. Atomhypothese *Diffusion, Gasdruck* 9. Gasgesetze

8.3 Diffusion

Durch Teilchenbewegung kommt es bei einem vorhandenen Konzentrationsunterschied bei Gasen zu einem *raschen* Ausgleich, bei Flüssigkeiten zu einem *langsamen* **Ausgleich der Konzentration.** Die *Diffusionsgeschwindigkeit* der leichteren Teilchen ist größer als die der schwereren. Die Diffusion spielt beim *Vermischen von Gasen,* beim *Auflösen eines Stoffes* im Lösemittel eine Rolle. Auch bei Feststoffen sind Diffusionserscheinungen zu beobachten, z. B. ist in vergoldetem Blei nach einiger Zeit Gold im Blei nachzuweisen.

8.4 Gasdruck

Die Teilchen eines Gases stoßen infolge der Wärmebewegung gegen die Wand eines Behälters. Die **Summe der Stöße** ergibt den **Gasdruck.**
Infolge der Wärmebewegung *hängt der Gasdruck von der Temperatur* des Gases *ab.*

9. Die Gasgesetze

9.1 Gesetz von Boyle-Mariotte

> Das *Produkt aus Druck und Volumen* eines abgeschlossenen Gases ist bei gleicher Temperatur *unveränderlich* (konstant).
>
> **pV = const.**
>
> Es gilt also: Druck und Volumen eines abgeschlossenen Gases sind indirekt proportional zueinander.

Beispiel: In einer Sauerstoff-Flasche von 10 l Inhalt steht das Gas unter einem Druck von 150 bar. Das bedeutet bei 1 bar und konstanter Temperatur können also 1500 l Sauerstoff entnommen werden.

9.2 Gesetz von Gay-Lussac

> Unter gleichem Druck dehnen sich alle Gase bei einer *Temperaturerhöhung* von 1°C um $\frac{1}{273}$ des Volumens aus, das sie bei 0°C haben. Bei Temperaturerniedrigung vermindert sich das Volumen um den gleichen Betrag.

Beispiel: Ein Behälter mit 10 l Gas bei 0°C dehnt sich bei 30°C um $10 \cdot \frac{30}{273}$ l = 1,09 l aus.

9.3 Gesetz von Avogadro

> *Gleiche Volumina* aller Gase und Dämpfe enthalten bei gleichem Druck und gleicher Temperatur immer die *gleiche Zahl von Teilchen.*

Beispiel: 1 l Wasserstoff mit der Masse 0,089 g enthält die gleiche Teilchenzahl wie 1 l Chlor mit der Masse von 3,21 g.

9.4 Gesetz von Gay-Lussac und A. Humboldt

> Gase reagieren bei gleichem Druck und gleicher Temperatur stets miteinander in *ganzzahligen Volumenverhältnissen* (Volumengesetz der Gase).

Beispiel: Wasserstoff reagiert mit Sauerstoff im Volumenverhältnis

10. Die Molekülhypothese von Avogadro

10.1 Die Grundlagen

1. Gleiche Volumina von Gasen enthalten die gleiche Zahl von Teilchen:
   Gesetz von Avogadro
2. Gase reagieren in ganzzahligen Volumenverhältnissen:
   Gesetz von Gay-Lussac und Humboldt
3. Atome können bei chemischen Reaktionen nicht geteilt werden:
   Gesetz von Dalton

10.2 Die Hypothese von Avogadro

Avogadro nahm an, daß die *Teilchen von gasförmigen Elementen nicht aus einzelnen Atomen,* sondern mindestens aus zwei Atomen bestehen.

> Diese aus Atomen zusammengesetzten Teilchen werden **Moleküle** genannt.

Bei der Reaktion von Gasen werden die *Moleküle zuerst in Atome gespalten.* Die abgespaltenen Atome verbinden sich mit den Atomen des Reaktionspartners zu neuen Molekülen. Die oben genannten Grundlagen werden dabei eingehalten. Die Hypothese von Avogadro trifft auch für **Verbindungen im Gaszustand zu.** Dies zeigen auch die folgenden Beispiele.

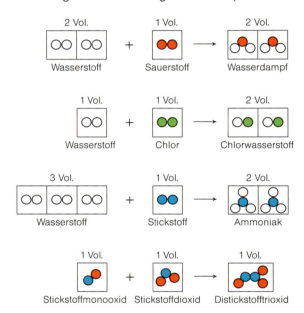

11. Atome - Moleküle - Ionen

11.1 Atome

11.1.1 Atombau

> Ein Atom besteht aus einem *positiv* geladenen Atom*kern* und einer *negativ* geladenen Atom*hülle* (Kern-Hülle-Modell).

Die *Träger der positiven Ladung* im Atomkern sind die **Protonen.** Außerdem befinden sich im Atomkern elektrisch neutrale **Neutronen.**

Protonen und Neutronen besitzen praktisch die ganze *Masse eines Atoms*.
Die *Träger der negativen Ladung* im Atom sind die **Elektronen** der Atomhülle.

Protonen und Neutronen nennt man als Kernbestandteile auch **Nukleonen.**

> Im elektrisch neutralen Atom gilt:
> Zahl der Protonen = Zahl der Elektronen

11. Atome-Moleküle-Ionen *Atombau, Atommasse*

Aufbau eines Atoms

	Elementar-teilchen	Symbol	Elementar-ladung (e)
Atomkern { Proton	p	+ 1
Atomkern { Neutron	n	0
Atomhülle Elektron	e⁻	– 1

Atom — Atomkern, Atomhülle

e = *Elementarladung* = $1{,}602 \cdot 10^{-19}$ C (Coulomb)

> Protonenzahl = Ordnungszahl = Kernladungs-zahl

> Elemente sind Stoffe, deren Atome immer gleiche Protonenzahl besitzen.

In der Neutronenzahl können sich die Atom-kerne eines Elements unterscheiden und des-halb auch in der Masse.

> **Isotope.** Zahl der Protonen gleich, aber Zahl der Neutronen verschieden.

Isotope von Elementen nennt man auch **Nuklide.**

Beispiele für Isotope des Wasserstoffs

Nuklid	Protonen	Neutronen
Wasserstoff	1	–
Deuterium	1	1
Tritium	1	2

Sonst haben die Isotope eines Elements keine eigenen Namen.
Die meisten Elemente bestehen aus mehreren Isotopen. Man nennt sie **Mischelemente.** Einige Elemente bestehen nur aus einem einzigen Isotop. Man nennt sie **Reinelemente.**
Sowohl Mischelemente wie Reinelemente sind **Reinstoffe** denn ihre Atome besitzen immer die für das Element typische Protonenzahl.

Beispiele für Mischelemente

Isotop	Protonen	Neutronen
Kohlenstoff	6	6
	6	7
	6	8
Stickstoff	7	7
	7	8

Beispiele für Reinelemente

Element	Protonen	Neutronen
Fluor	9	10
Aluminium	13	14
Iod	53	74

11.1.2 Atommasse

Die Masse eines Atoms ist unvorstellbar klein. Deshalb wurde eine eigene Einheit für die Atommasse festgelegt. Sie ist $\frac{1}{12}$ *der Masse des Kohlenstoffatoms mit 6 Protonen und 6 Neutro-nen* und wird **atomare Masseneinheit u** genannt.

Beispiele für Atommassen (u):

$$\text{Wasserstoff} = 1{,}008 \text{ u}$$
$$\text{Chlor} = 35{,}453 \text{ u}$$

Relative Atommassen sind auf das Kohlenstoff-isotop der Masse 12 u mit der Bezugseinheit 12 bezogen. Relative Atommassen sind *Verhältnis-zahlen* und haben deshalb keine Einheit.

Beispiele für relative Atommassen:

Wasserstoffatom	= 1,008
Sauerstoffatom	= 15,999
Stickstoffatom	= 14,007
Chloratom	= 35,453
Kohlenstoffatom	= 12,011
Kupferatom	= 63,546
Goldatom	= 196,96
Eisenatom	= 55,847
Silberatom	= 107,868

11. Atome-Moleküle-Ionen *Moleküle, Ionen*

11.2 Moleküle

11.2.1 Molekülbau

> Moleküle sind aus zwei bis sehr vielen Atomen aufgebaut.

Moleküle machen bei Zustandsänderungen die Wärmebewegungen (Seite 23) *mit,* ohne dabei verändert zu werden. In einem Molekül können gleiche oder verschiedene Atome verbunden sein. Weil bei Zustandsänderungen das einzelne Molekül durch Erhitzen nicht verändert wird, tritt keine chemische Umwandlung ein. Anders: Spaltung von Molekülen beim Erhitzen.

11.2.2 Molekülmasse

Die Masse eines Moleküls ergibt sich aus der **Summe aller Atommassen,** aus denen ein Molekül besteht. Die Molekülmasse wird auch in der Einheit **u** angegeben.

Relative Molekülmassen sind wie die relativen Atommassen auf das Kohlenstoffisotop mit der Masse 12 u als Bezugsbasis bezogen.

Beispiele für relative Molekülmassen:

Wasserstoffmolekül = 2,016
Wassermolekül = 18,015
Methanmolekül = 16,128

11.3 Ionen

Wenn in einem Atom oder Molekül die Zahl der Protonen nicht mit der Zahl der Elektronen übereinstimmt, erhält das Teilchen eine **elektrische Ladung,** z. B. Natrium-Ion = Na^+, Chlorid-Ion = Cl^-.

> Solche elektrisch geladenen Teilchen nennt man Ionen. Positiv geladene Ionen sind Kationen, negativ geladene sind Anionen.

Die Energie, die nötig ist, um ein Elektron von einem Atom zu entfernen, wird **Ionisierungsenergie** genannt. Sie wird für ein einzelnes Atom in eV (Elektronenvolt) oder für 1 mol Atome in kJ als molare Ionisierungsenergie angegeben.

Beispiel: Molare Ionisierungsenergien I.

Elemente	I_1	I_2	I_3	...
Na	490	4560		
Mg	735	1445	7730	
Al	580	1815	2740	..
Si	780	1575	3220	..
P	1060	1890	2905	..
S	1005	2260	3375	..
Cl	1255	2295	3850	..
Ar	1525	2665	3945	..

Die Abtrennung eines einzigen Elektrons erfordert den geringsten Energieaufwand. Er steigt bei den folgenden Elektronen, weil die positive Kernladung unverändert stark bleibt und gegen die Abspaltung wirkt. Nach der Abtrennung von Elektronen aus der Atomhülle werden die verbliebenen Elektronen deshalb stärker angezogen.

Elektronenaffinität nennt man die Energie, die bei der Aufnahme von Elektronen durch ein Atom umgesetzt wird.

Ionen können positiv oder negativ geladen sein. Als *Ladungsträger* leiten Ionen den elektrischen Strom.
Je nach dem Überschuß an positiver oder negativer Ladung unterscheidet man einfach, zweifach ... positiv geladene Ionen oder einfach, zweifach ... negativ geladene Ionen.

11.4 Teilchenarten

> Verbindungen können aus Molekülen oder aus Ionen aufgebaut sein.

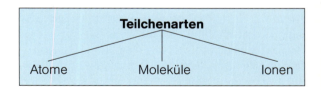

12. Die Elemente

Name	Symbol	Ordnungs-zahl	Relative Atommasse	Name	Symbol	Ordnungs-zahl	Relative Atommasse
Actinium	Ac	89	227,028[a]	Kupfer	Cu	29	63,546
Aluminium	Al	13	26,9815	Lanthan	La	57	138,9055
Americium	Am	95	(243)[b]	Lawrencium	Lr	103	(260)[b]
Antimon	Sb	51	121,75	Lithium	Li	3	6,941
Argon	Ar	18	39,948	Lutetium	Lu	71	174,967
Arsen	As	33	74,9216	Magnesium	Mg	12	24,305
Astat	At	85	(210)[b]	Mangan	Mn	25	54,9380
Barium	Ba	56	137,33	Mendelevium	Md	101	(257)[b]
Berkelium	Bk	97	(247)[b]	Molybdän	Mo	42	95,94
Beryllium	Be	4	9,01218	Natrium	Na	11	22,98977
Bismut	Bi	83	208,9804	Neodym	Nd	60	144,24
Blei	Pb	82	207,2	Neon	Ne	10	20,179
Bor	B	5	10,81	Neptunium	Np	93	237,0432[a]
Brom	Br	35	79,904	Nickel	Ni	28	58,70
Cadmium	Cd	48	112,41	Niob	Nb	41	92,9064
Calcium	Ca	20	40,08	Nobelium	No	102	(259)[b]
Californium	Cf	98	(251)[b]	Osmium	Os	76	190,2
Cäsium	Cs	55	132,9054	Palladium	Pd	46	106,4
Cer	Ce	58	140,12	Phosphor	P	15	30,97376
Chlor	Cl	17	35,453	Platin	Pt	78	195,09
Chrom	Cr	24	51,996	Plutonium	Pu	94	(244)[b]
Cobalt	Co	27	58,9332	Polonium	Po	84	(209)[b]
Curium	Cm	96	(247)[b]	Praseodym	Pr	59	140,9077
Dysprosium	Dy	66	162,50	Promethium	Pm	61	(145)[b]
Einsteinium	Es	99	(254)[b]	Protactinium	Pa	91	231,0359[a]
Eisen	Fe	26	55,847	Quecksilber	Hg	80	200,59
Erbium	Er	68	167,26	Radium	Ra	88	226,0254[a]
Europium	Eu	63	151,96	Radon	Rn	86	(222)[b]
Fermium	Fm	100	(257)[b]	Rhenium	Re	75	186,2
Fluor	F	9	18,9984	Rhodium	Rh	45	102,9055
Francium	Fr	87	(223)[b]	Rubidium	Rb	37	85,4673
Gadolinium	Gd	64	157,25	Ruthenium	Ru	44	101,07
Gallium	Ga	31	69,72	Rutherfordium	Rf	104	(260)[b]
Germanium	Ge	32	72,59	Samarium	Sm	62	150,4
Gold	Au	79	196,9665	Sauerstoff	O	8	15,9994
Hafnium	Hf	72	178,49	Scandium	Sc	21	44,9559
Hahnium	Ha	105	(260)[b]	Schwefel	S	16	32,06
Helium	He	2	4,00260	Selen	Se	34	78,96
Holmium	Ho	67	164,9304	Silber	Ag	47	107,868
Indium	In	49	114,82	Silicium	Si	14	28,0855
Iod	I	53	126,9045	Stickstoff	N	7	14,0067
Iridium	Ir	77	192,22	Strontium	Sr	38	87,62
Kalium	K	19	39,0983	Tantal	Ta	73	180,9479
Kohlenstoff	C	6	12,011	Technetium	Tc	43	(97)[b]
Krypton	Kr	36	83,80	Tellur	Te	52	127,60

13. Chemische Formeln *Stöchiometrische Wertigkeit*

Name	Symbol	Ordnungs-zahl	Relative Atommasse
Terbium	Tb	65	158,9254
Thallium	Tl	81	204,37
Thorium	Th	90	232,0381[a]
Thulium	Tm	69	168,9342
Titan	Ti	22	47,90
Uran	U	92	238,029
Vanadium	V	23	50,9415
Wasserstoff	H	1	1,0079
Wolfram	W	74	183,85
Xenon	Xe	54	131,30

Name	Symbol	Ordnungs-zahl	Relative Atommasse
Ytterbium	Yb	70	173,04
Yttrium	Y	39	88,9059
Zink	Zn	30	65,38
Zinn	Sn	50	118,69
Zirconium	Zr	40	91,22

[a] Relative Atommasse des häufigsten und langlebigsten Isotops.
[b] Nukleonenzahl des stabilsten oder bekanntesten Isotops.

Die relative Atommasse ist als Verhältniszahl einheitenlos.
Sie ist identisch mit dem Zahlenwert der Atommasse angegeben in der atomaren Masseneinheit u (Seite 27) und mit dem Zahlenwert der molaren Atommasse, angegeben in g/mol.

---

13. Einfache chemische Formeln

13.1 Die stöchiometrische Wertigkeit

	Wasser-stoff	Chlor-wasserstoff	Wasser	Ammoniak	Methan
Molekül-Modell					
Formel	H_2	HCl	H_2O	NH_3	CH_4
Wertig-keit	Wasser-stoff einwertig	Chlor einwertig	Sauerstoff zweiwertig	Stickstoff dreiwertig	Kohlenstoff vierwertig

Die Zahl der von einem Atom gebundenen Wasserstoffatome entspricht der stöchiometrischen Wertigkeit, hier kurz „Wertigkeit" genannt.
Der vierwertige Kohlenstoff kann an Stelle von Wasserstoff auch Chlor binden. Ein vierwertiges Kohlenstoffatom bindet dann vier Chloratome. Die Formel dieser Verbindung ist CCl_4.

13. Chemische Formeln *Bedeutung, Regeln zum Aufstellen*

Die **stöchiometrische Wertigkeit,** oft ungenau nur „Wertigkeit" genannt, ist die Zahl der Wasserstoffatome, die von einem Atom gebunden oder ersetzt werden kann.

Der Wasserstoff tritt immer *einwertig,* der Sauerstoff tritt immer *zweiwertig* auf.

Manche Elemente können in *verschiedenen stöchiometrischen Wertigkeiten* auftreten.

Stöchiometrische Wertigkeiten einiger Elemente

Element	Wertigkeit
Quecksilber	I, II
Zink	II
Aluminium	III
Natrium	I
Kalium	I
Silber	I
Phosphor	III, V
Chlor	I, V, VII
Iod	I, V, VII
Schwefel	II, IV, VI

13.2 Bedeutung der Formel

Die Formel einer Verbindung gibt das **Zahlenverhältnis** der am Aufbau der Verbindung beteiligten Atome an.

Dieses Zahlenverhältnis ist für eine bestimmte Verbindung *konstant,* d.h. unveränderlich. Es wird durch *tiefgestellte* Zahlen (Index) in einer Formel angegeben und darf nicht verändert werden. Der Index bezieht sich immer auf das links davorstehende Element oder die in Klammer stehende Atomgruppe.

Beispiel:

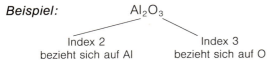

In der Verbindung Al_2O_3 ist das Verhältnis $Al : O = 2 : 3$

Die Index-Ziffern werden der Reihe nach wie die Buchstaben der Formelsymbole ausgesprochen: „A-ell – zwei – Oh – drei"

Beispiel: $Ca(OH)_2$

Index 2 bezieht sich auf OH

ausgesprochen: „Ce-a – Oh-Ha – zwei"

13.3 Regeln zum Aufstellen einer Formel

In einer Verbindung, die aus zwei Elementen besteht, muß die Summe der Wertigkeiten beider Elemente gleich sein.

Das kann man mit Hilfe der Wertigkeiten und des kleinsten gemeinsamen Vielfachen (kgV) der Wertigkeiten berechnen.

Beispiel: Aluminiumoxid

1. Symbole der Elemente von Aluminiumoxid aufschreiben	Al O
2. Feststellen der Wertigkeiten (römische Ziffern)	Al ⇒ III O ⇒ II
3. Errechnen des kgV der Wertigkeiten	III · II = 6
4. kgV geteilt durch Wertigkeit ergibt Index	6 : III = 2; 6 : II = 3
5. Aufstellen der Formel	Al_2O_3

Wenn die Wertigkeiten beider Elemente übereinstimmen, werden die Symbole ohne Index nebeneinander geschrieben.

Beispiele:
Ca = zweiwertig, O = zweiwertig; also: CaO.
Na = einwertig, Br = einwertig; also: NaBr.
Al = dreiwertig, N = dreiwertig; also: AlN.

13. Chemische Formeln *Bezeichnungsregeln*

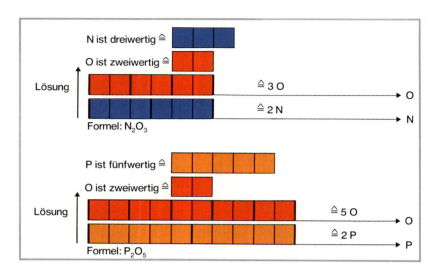

Man kann ohne Rechenoperationen auch graphisch eine Formel aufstellen.
Für die Wertigkeit I zeichnet man 1 Kästchen, für die Wertigkeit II 2 Kästchen, für die Wertigkeit III 3 Kästchen usw. Wenn die Kästchen der beiden miteinander verbundenen Elemente sich decken, kann die Formel abgelesen werden.

Mit diesen Regeln können nur Verbindungen, die aus zwei Elementen bestehen, formuliert werden. Solche Verbindungen nennt man **binär**.

13.4 Die Bezeichnung binärer Verbindungen

Bei Verbindungen von **Metallen** mit **Nichtmetallen** wird zuerst das Metall genannt und daran das Stammwort des Nichtmetalls mit der Endung **-id** gefügt.

Beispiele:

NaCl Natriumchlorid
FeS   Eisensulfid
MgO   Magnesiumoxid
LiH   Lithiumhydrid

Bei Verbindungen aus Nichtmetallen werden manchmal *überlieferte Namen* gebraucht.

Beispiele:

H_2O Wasser
H_2O_2 Wasserstoffperoxid
NH_3 Ammoniak
CH_4 Methan
C_2H_4 Ethylen
C_2H_2 Acetylen
H_2S Schwefelwasserstoff
CS_2 Schwefelkohlenstoff

13.5 Regeln zur Angabe des Atomzahlenverhältnisses einer Formel

Wenn keine Unklarheiten entstehen, kann auf die Angabe des Zahlenverhältnisses der Atome in einer Verbindung verzichtet werden. Bilden aber **zwei Elemente** verschiedene **Verbindungen** (Gesetz der multiplen Proportionen, S. 22) miteinander, so ist das **Zahlenverhältnis** anzuzeigen. Dies erfolgt mit Hilfe griechischer Zahlwörter.

1	mono-	6	hexa-
2	di-	7	hepta-
3	tri-	8	octa-
4	tetra-	9	nona-
5	penta-		

Beispiele:

CO   Kohlenstoffmonooxid
NO   Stickstoffmonooxid
CO_2 Kohlenstoffdioxid
N_2O_4 Distickstofftetraoxid
SO_3 Schwefeltrioxid
P_2O_5 Diphosphorpentaoxid
$FeCl_2$ Eisendichlorid
$FeCl_3$ Eisentrichlorid

14. Der chemische Vorgang *Wortgleichung, Reaktionsschema*

SiF_4 — Siliciumtetrafluorid
Si_2F_6 — Disiliciumhexafluorid
SF_6 — Schwefelhexafluorid
MnO_2 — Mangandioxid
Mn_2O_7 — Dimanganheptaoxid
$MnCl_4$ — Mangantetrachlorid

Der *Index 1* wird in einer chemischen Formel *nicht geschrieben.* Die Bedeutung der Formel binärer Verbindungen wird S. 49 vertieft.

Informationen einer Formel

Angabe der Elemente, aus denen die Verbindung besteht

Angabe des Zahlenverhältnisses der Teilchenarten, aus denen die Verbindung besteht

---

14. Die Beschreibung eines chemischen Vorgangs

14.1 Beschreibung mit Worten

Ein chemischer Vorgang läßt sich durch Einsetzen der Namen der Ausgangsstoffe und Reaktionsprodukte beschreiben.
Als Zeichen, daß zwei oder mehr Stoffe miteinander reagieren oder entstehen, verwendet man das + Zeichen. Es entspricht also *nicht* dem Additionszeichen der Mathematik.
Ein Pfeil zwischen Ausgangsstoffen und Reaktionsprodukten ist das Symbol für den Vorgang der chemischen Reaktion: **Reaktionspfeil.**

Beispiel:

Eisen + Schwefel $\longrightarrow$ Eisensulfid

Man liest: „Eisen reagiert mit Schwefel zu Eisensulfid"

Weitere Beispiele:

Wasserstoff + Chlor $\longrightarrow$ Chlorwasserstoff
Silberoxid $\longrightarrow$ Silber + Sauerstoff
Quecksilbersulfid + Eisen $\longrightarrow$ Quecksilber + Eisensulfid

14.2 Das Reaktionsschema

Genauer und übersichtlicher kann man einen chemischen Vorgang mit einem Reaktionsschema beschreiben. Dazu verwendet man chemische Formeln.

Für den Ausdruck „Reaktionsschema" wird gelegentlich der Ausdruck *„Reaktionsgleichung"* verwendet. Dabei muß beachtet werden, daß es sich hier um *keine mathematische* Gleichung handelt.

Es ist zu beachten:

1. Die Zahl der an der Reaktion beteiligten Atome ist links und rechts vom Reaktionspfeil gleich.
2. Durch Einsetzen entsprechender Koeffizienten erreicht man, daß die Anzahl der Atome rechts und links des Reaktionspfeiles gleich ist.
3. Die Index-Ziffer in einer Formel darf nicht verändert werden.

Beispiel:

$$\underline{2}\,Cu + S \longrightarrow Cu_2S$$

Koeffizient   Index

Der Koeffizient 1 wird wie der Index 1 in einem Reaktionsschema nicht verwendet.

Beispiel:

$$CO_2 + \underline{2}\,Mg \longrightarrow C + 2\,MgO$$

Mg erhält den Koeffizient 2, weil in CO_2 das Atom O zweimal vorkommt. Auf jedes Sauerstoffatom in MgO trifft ein Magnesiumatom.

33

14. Der chemische Vorgang *Regeln zum Reaktionsschema*   15. Das Mol

14.3 Regeln zum Aufstellen eines Reaktionsschemas

Schritte	*Beispiel:* Bildung von Aluminiumsulfid
1. Aufstellen der Wortgleichung	Aluminium + Schwefel ⟶ Aluminiumsulfid
2. Einsetzen der Formeln	Al + S ⟶ Al_2S_3
3. Ausgleichen durch Einsetzen von Koeffizienten	2 Al + 3 S ⟶ Al_2S_3
4. Überprüfen des Reaktionsschemas	Anzahl der Atome eines jeden Elements ist auf beiden Seiten des Reaktionspfeils gleich.

Ein Reaktionsschema kann richtig aufgestellt werden, wenn die Formeln der Ausgangsstoffe und Reaktionsprodukte bekannt sind.

Beispiele:

$$HgS + Fe \longrightarrow Hg + FeS$$

Das Reaktionsschema stimmt ohne Verwendung von Koeffizienten.

$$H_2 + Cl_2 \longrightarrow \underline{2}\,HCl$$

Mit dem *Koeffizienten* $\underline{2}$ wird die Atomzahl von H und Cl links und rechts ausgeglichen.

$$\underline{2}\,Ag_2O \longrightarrow \underline{4}\,Ag + O_2$$

Weil O_2-Moleküle entstehen, muß der *Koeffizient* $\underline{2}$ eingesetzt werden. Dadurch werden 4 Ag gebildet. Der *Koeffizient* $\underline{2}$ multipliziert den *Index* $\underline{2}$ von Ag, also $2 \cdot 2 = 4$.

$$\underline{3}\,CuO + \underline{2}\,Fe \longrightarrow \underline{3}\,Cu + Fe_2O_3$$

Zuerst wird das Reaktionsprodukt Fe_2O_3 eingesetzt. Daraus ergibt sich der *Koeffizient* $\underline{3}$ für CuO und für Cu sowie der *Koeffizient* $\underline{2}$ für Fe.

> Vor dem Ausgleichen müssen die richtigen Formeln eingesetzt werden!

15. Die Einheit der Stoffmenge – das Mol

15.1 Der Molbegriff

Die internationale Einheit der Stoffmenge ist das **Mol** (Einheitzeichen: mol).

> 1 mol ist die Stoffmenge, die ebensoviel Einzelteilchen enthält, wie in 12 g des Kohlenstoffisotops mit der relativen Masse 12 enthalten sind.

Es können Atome, Moleküle, Ionen, Elektronen sowie andere Teilchen oder Gruppen solcher Teilchen genau angegebener Zusammensetzung sein.

> Die Teilchenzahl für 1 mol wurde experimentell zu $6{,}022 \cdot 10^{23}$ bestimmt.

Besteht eine Stoffportion aus Teilchen X, dann enthält 1 mol dieses Stoffes $6{,}022 \cdot 10^{23}$ Teilchen X.

Beispiel:
1 mol Kohlenstoff enthält $6{,}022 \cdot 10^{23}$ C-Atome
1 mol Wasser enthält $6{,}022 \cdot 10^{23}$ H_2O-Moleküle

15. Das Mol *Begriff, molare Masse, Molvolumen*

Diese Zahl wird **Avogadro-Zahl** oder auch **Loschmidtsche Zahl** genannt. Die Zahl N der Teilchen X, die in einer Stoffmenge von n Mol enthalten sind, ist:

$$N(X) = n(X) \cdot N_A$$

Die Klammer gibt die Teilchen an, sie wird gelesen: „von …", z.B. „von CO_2-Molekülen".

N_A ist die **Avogadro-Konstante:**

$$N_A = \frac{6{,}022 \cdot 10^{23}}{mol} \text{ ; Einheit 1/mol}$$

Beispiel:

Anzahl CO_2-Moleküle in 2 mol Kohlenstoffdioxid

$$N(CO_2) = n(CO_2) \cdot N_A$$

$$N(CO_2) = 2 \text{ mol} \cdot \frac{6{,}022 \cdot 10^{23}}{mol}$$

$$N(CO_2) = 2 \cdot 6{,}022 \cdot 10^{23}$$
$$= 1{,}2044 \cdot 10^{24}$$

2 mol Kohlenstoffdioxid enthalten $1{,}2044 \cdot 10^{24}$ CO_2-Moleküle.

15.2 Die molare Masse

Die molare Masse M eines Stoffes mit den Teilchen X ist die auf die Stoffmenge bezogene Masse. Das Formelzeichen ist **M**(X). Die Einheit ist **g/mol.**

Die molare Masse M(X) eines Stoffes entspricht der Masse in g von 1 mol des betreffenden Stoffes.

Oder:

Die molare Masse ist die Masse in g von $6{,}022 \cdot 10^{23}$ Teilchen X eines bestimmten Stoffes.

Die molare Masse wird bei der Berechnung der Masse einer Stoffportion aus deren Stoffmenge bzw. der Stoffmenge aus deren Masse benötigt.

$$m(X) = M(X) \cdot n(X)$$

$$M(X) = \frac{m(X)}{n(X)}$$

$$n(X) = \frac{m(X)}{M(X)}$$

m(X) Masse einer Stoffportion in g
M(X) molare Masse in g/mol
n(X) Stoffmenge in mol

Beispiele:

1 Wieviel mol CH_4 enthalten 1000 g Methan?

$$M(CH_4) = 16{,}04 \text{ g/mol}$$

$$n(CH_4) = \frac{1000 \text{ g}}{16{,}04 \text{ g/mol}}$$

$$n(CH_4) = 62{,}34 \text{ mol}$$

1 kg Methan enthält 62,34 mol CH_4.

2 Welche Masse besitzt eine Stoffportion von 5 mol Eisen?

$$M(Fe) = 55{,}85 \text{ g/mol}$$
$$m(Fe) = 5 \text{ mol} \cdot 55{,}85 \text{ g/mol}$$
$$m(Fe) = 279{,}25 \text{ g}$$

Die Stoffportion wiegt 279,25 g.

15.3 Molvolumen

1 mol eines Gases hat bei einem Druck von 1013 mbar und bei 0°C ein Volumen von 22,41 l.

Molvolumen $V_m = 22{,}4$ l/mol

Aus einem gegebenen Volumen V und dem Molvolumen V_m kann für ein Gas, das aus den

15. Das Mol *Chemische Berechnungen*

Teilchen X besteht, die Stoffmenge n berechnet werden.

$$n(X) = \frac{V(X)}{22{,}4 \ \text{l/mol}}$$

Beispiel:

Stoffmenge von 1 500 l Chlor?

$$n(Cl_2) = \frac{1\,500 \ \text{l}}{22{,}4 \ \text{l/mol}} = 66{,}96 \ \text{mol}$$

Bestimmung der molaren Masse von Gasen.

Molare Masse $M(X)$ = Molvolumen $(V_m) \cdot$ Dichte

$$M(X) = V_m \cdot \varrho$$

Die Dichte wird in g/l eingesetzt.

Beispiel:

Molare Masse von Ammoniak

$$M(NH_3) = 22{,}4 \ \text{l/mol} \cdot 0{,}77 \ \text{g/l}$$
$$= 17{,}24 \ \text{g/mol}$$

Die molare Masse von Ammoniak ist 17,24 g/mol.

15.4 Regeln für chemische Berechnungen

Masse, Volumen und Stoffmenge können aufgrund der folgenden Beziehungen berechnet werden:

$$n(X) = \frac{m(X)}{M(X)}$$

$$n(X) = \frac{V(X)}{22{,}4 \ \text{l/mol}}$$

Die Gleichungen können umgeformt werden

$$m(X) = n(X) \cdot M(X)$$

$$M(X) = \frac{m(X)}{n(X)}$$

$$V(X) = n(X) \cdot 22{,}4 \ \text{l/mol}$$

Beispiel:

Anzahl Mol H_2O in 1 Liter Wasser?

$$n(H_2O) = \frac{1000 \ \text{g}}{18{,}01 \ \text{g/mol}}$$

$$n(H_2O) = 55{,}52 \ \text{mol}$$

1 Liter Wasser entspricht 55,52 mol H_2O.

15.5 Der Informationsinhalt eines Reaktionsschemas

Beispiel	H_2	$+ Cl_2$	$\longrightarrow$ 2 HCl
Stoffumsatz	Wasserstoff	+ Chlor	$\longrightarrow$ Chlorwasserstoff
Mengenangabe	1 Molekül H_2	+ 1 Molekül Cl_2	$\longrightarrow$ 2 Moleküle HCl
	1 mol Wasserstoff	+ 1 mol Chlor	$\longrightarrow$ 2 mol Chlorwasserstoff
Massenangabe	*Gramm* 2,016 g Wasserstoff	+ 70,90 g Chlor	$\longrightarrow$ 72,916 g Chlorwasserstoff
	Atomare Masseneinheit u		
	2,016 u Wasserstoff	+ 70,90 u Chlor	$\longrightarrow$ 72.916 u Chlorwasserstoff
Volumen	*Liter* 22,4 l Wasserstoff	+ 22,4 l Chlor	$\longrightarrow$ 2 $\cdot$ 22,4 l Chlorwasserstoff

16. Konzentrationsangaben II

Stoffmengenkonzentration.

> Die Stoffmengenkonzentration c sagt aus, wieviel Mol eines gelösten Stoffes in 1 l Lösung enthalten sind.
>
> $$c = \frac{n(X)}{V}$$

c　Konzentration in mol/l
n　Stoffmenge in mol
V　Volumen der Lösung in l
X　Teilchen

Die Stoffmengenkonzentration ist in der Chemie die gebräuchlichste Konzentrationsangabe. Sie wird meist nur *„Konzentration"* genannt.

Beispiele:

1)　$c(NaCl) = 1$ mol/l
$M(NaCl) = 58{,}44$ g/mol

In 1 l NaCl-Lösung dieser Konzentration sind 58,44 g NaCl gelöst.

2) In 100 ml verdünnter Schwefelsäure (H_2SO_4) sind 19,61 g H_2SO_4 gelöst. Berechne die Konzentration der Säure.

$$M(H_2SO_4) = 98{,}07 \text{ g/mol}; \ V = 0{,}1 \text{ l.}$$

$$n(H_2SO_4) = \frac{19{,}61 \text{ g}}{98{,}07 \text{ g/mol}} = 0{,}2 \text{ mol}$$

$$c(H_2SO_4) = \frac{0{,}2 \text{ mol}}{0{,}1 \text{ l}} = 2 \text{ mol/l}$$

In 100 ml sind 0,2 mol H_2SO_4 enthalten. Die Konzentration der verdünnten Schwefelsäure ist also 2 mol/l.

3) Herstellen einer Calciumhydroxidlösung der Konzentration $c(Ca(OH)_2) = 0{,}01$ mol/l.

$$M(Ca(OH)_2) = 74 \text{ g/mol.}$$

Es sind 0,74 g Calciumhydroxid in einem Meßkolben mit Wasser zu lösen und dann bis zur Marke 1-Liter aufzufüllen.

17. Atombau

17.1 Die Elektronenhülle

17.1.1 Hauptschalen

Die Elektronen sind in der Atomhülle nach ihrem *Energiezustand* angeordnet. Man unterscheidet bestimmte **Hauptenergiestufen als Aufenthaltsbereiche von Elektronen.** Sie entsprechen den sog. **Hauptschalen,** die mit Nummern $n = 1$, $n = 2$ usw. bezeichnet werden. Jede Hauptschale kann nur bis zu einer bestimmten Höchstzahl von Elektronen besetzt werden.

> Die maximale Elektronenzahl einer Schale wird durch die Formel $2n^2$ ausgedrückt.

17.1.2 Gesetzmäßige Auffüllung der Elektronenschalen

Die Elemente können so in eine Reihe geordnet werden, daß der Atomkern eines vorausgehenden Elements immer nur ein Proton weniger hat als das nachfolgende Element. D. h. in der Reihe nimmt die Protonenzahl jeweils um 1 zu.
Ebenso ist es mit den Elektronen der Atomhülle. Dabei wirkt sich aber aus, daß eine *Hauptschale nur eine bestimmte Höchstzahl von Elektronen aufnehmen* kann.
Nachdem die 1. Hauptschale 2 Elektronen aufgenommen hat, werden die folgenden Elektronen in die 2. Hauptschale eingebaut, bis diese mit 8 Elektronen ihre Höchstzahl erreicht hat.

17. Atombau *Elektronenanordnung*

Schalennummer	maximale Elektronenzahl
n = 1	2
n = 2	8
n = 3	18
n = 4	32
n = 5	50
n = 6	72
n = 7	98

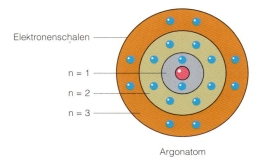

Argonatom

Maximale Elektronenzahl in den sieben Hauptschalen

Die Besetzung einer Hauptschale mit *8 Elektronen* ist eine bevorzugte Elektronenkonfiguration (Elektronenanordnung). Jedesmal wenn diese Anordnung der Elektronen erreicht ist, wird diese Schale zunächst nicht weiter aufgefüllt, sondern bereits mit der Auffüllung der nächsten Schale begonnen. Bei den Elementen Ar zu K tritt diese Erscheinung zum erstenmal auf. Die 3. Hauptschale wird erst aufgefüllt, wenn die 4. Schale 2 Elektronen aufgenommen hat. Dieses Prinzip wiederholt sich.

Protonen-zahl	Atom	Elektronen in den Hauptschalen			
		n = 1	n = 2	n = 3	n = 4
1	H	1			
2	He	2			
3	Li	2	1		
4	Be	2	2		
5	B	2	3		
6	C	2	4		
7	N	2	5		
8	O	2	6		
9	F	2	7		
10	Ne	2	8		
11	Na	2	8	1	
12	Mg	2	8	2	
13	Al	2	8	3	
14	Si	2	8	4	
15	P	2	8	5	
16	S	2	8	6	
17	Cl	2	8	7	
18	Ar	2	8	8	
19	K	2	8	8	1
20	Ca	2	8	8	2

Elektronenanordnung bei den Atomen mit den Protonenzahlen 1 bis 20

> Elemente, bei denen innere Schalen aufgefüllt werden, nennt man Übergangselemente.

Beispiele:

Protonen-zahl	Atom	Elektronen in den Hauptschalen			
		n = 1	n = 2	n = 3	n = 4
22	Ti	2	8	10	2
25	Mn	2	8	13	2
26	Fe	2	8	14	2

Elemente mit 8 Elektronen in der Außenschale sind Edelgase. Ihre Elektronenkonfiguration ist besonders stabil: **Edelgaskonfiguration.**

Die äußerste Elektronenschale *(Valenzschale)* bestimmt das chemische Verhalten der Elemente. Dies hängt davon ab, wie leicht eine Außenschale mit 8 Elektronen gebildet werden kann *(Oktettregel)*. Die Elektronen der äußersten Schale, der Valenzschale, nennt man **Valenzelektronen.**

17. Atombau *Oktettregel* 18. Periodensystem *Kurzperiodensystem*

17.2 Die Oktettregel

> Die Oktettregel beschreibt das Streben eines Atoms, die Elektronenkonfiguration eines Edelgases zu erreichen.

Streng genommen hat die Oktettregel keine volle Gültigkeit. Diese Einschränkung kann erst auf Seite 52 begründet werden. Der Begriff *„Edelgasschale"* ist umfassender.

18.   Das Periodensystem der Elemente

18.1   Kurzperiodensystem

Im Periodensystem (PSE) sind die Elemente nach steigender Zahl der Protonen im Atomkern angeordnet. Die Protonenzahl nennt man deshalb auch **Ordnungszahl;** da die Protonen Träger der positiven Ladung sind, wird sie auch **Kernladungszahl** genannt.
Die Protonenzahl stimmt mit der Zahl der Elektronen in der Atomhülle überein.
Im Periodensystem sind in einer **Periode** (waagrechte Zeile) die Elemente notiert, in denen die gleiche Hauptschale mit Elektronen aufgefüllt wird.

Die **Periodennummer** entspricht der *Zahl der Hauptschalen;* sie gibt auch die Nummer der **Valenzschale,** d.h. der äußersten Elektronenschale, an.
In den senkrechten Spalten, den **Gruppen,** sind Elemente mit der gleichen Zahl von Valenzelektronen (= Elektronen der äußersten Schale).
Die **Gruppennummer** gibt an, wieviele Elektronen sich in der äußersten Elektronenschale befinden; das ist bei den Elementen der Hauptgruppen (siehe unten) die Zahl der *Valenzelektronen.*
Für die Gruppennummer VIII wird auch die Ziffer 0 geschrieben.

Periode	Gruppe							
	I	II	III	IV	V	VI	VII	VIII
1	1,0079 **H** 1							4,0026 **He** 2
2	6,941 **Li** 3	9,012 **Be** 4	10,81 **B** 5	12,011 **C** 6	14,0067 **N** 7	15,9994 **O** 8	18,984 **F** 9	20,179 **Ne** 10
3	22,98977 **Na** 11	24,305 **Mg** 12	26,9815 **Al** 13	28,0855 **Si** 14	30,97376 **PI** 15	32,06 **S** 16	35,453 **Cl** 17	39,948 **Ar** 18
4	39,0983 **K** 19	40,08 **Ca** 20	69,72 **Ga** 31	72 **Ge** 32	74,92116 **As** 33	78,96 **Se** 34	79,904 **Br** 35	83,80 **Kr** 36
5	85,4678 **Rb** 37	87,62 **Sr** 38	114,82 **In** 49	118,69 **Sn** 50	121,75 **Sb** 51	127,60 **Te** 52	126,9045 **I** 53	131,30 **Xe** 54
6	132,9054 **Cs** 55	137,33 **Ba** 56	204,37 **Tl** 81	207,2 **Pb** 82	208,9804 **Bi** 83	209 **Po** 84	210 **At** 85	222 **Rn** 86
7	223 **Fr** 87	226,0254 **Ra** 88						

Beispiel:

Periode 4	**Ca**	4 Elektronenschalen
	Gruppe II	
	2 Valenzelektronen	

Kurzperiodensystem der Elemente. Es enthält nur die Hauptgruppenelemente.

39

18. Periodensystem *Langperiodensystem*

Langperiodensystem der Elemente

Periode	\multicolumn{18}{c}{Gruppe}

Periode	1	2	3	4	5	6	7	8	9	10	11	12	13	14	15	16	17	18
	I a	II a	III b	IV b	V b	VI b	VII b	\multicolumn{3}{c}{——— VIII ———}			I b	II b	III a	IV a	V a	VI a	VII a	0
1	1 H 1.0079																	2 He 4.0026
2	3 Li 6.941	4 Be 9.0122											5 B 10.81	6 C 12.011	7 N 14.007	8 O 15.999	9 F 18.998	10 Ne 20.179
3	11 Na 22.990	12 Mg 24.305	\multicolumn{10}{c}{Nebengruppenelemente, Übergangselemente}									13 Al 26.98	14 Si 28.086	15 P 30.974	16 S 32.06	17 Cl 35.453	18 Ar 39.948
4	19 K 39.098	20 Ca 40.08	21 Sc 44.96	22 Ti 47.90	23 V 50.94	24 Cr 51.996	25 Mn 54.938	26 Fe 55.847	27 Co 58.93	28 Ni 58.70	29 Cu 63.546	30 Zn 65.38	31 Ga 69.72	32 Ge 72.59	33 As 74.92	34 Se 78.96	35 Br 79.904	36 Kr 83.80
5	37 Rb 85.47	38 Sr 87.62	39 Y 88.91	40 Zr 91.22	41 Nb 92.91	42 Mo 95.94	43 Tc 97 ±	44 Ru 101.07	45 Rh 102.91	46 Pd 106.4	47 Ag 107.87	48 Cd 112.41	49 In 114.82	50 Sn 118.69	51 Sb 121.75	52 Te 127.60	53 I 126.90	54 Xe 131.3
6	55 Cs 132.90	56 Ba 137.33	57 La 138.91	72 Hf 178.49	73 Ta 180.95	74 W 183.85	75 Re 186.21	76 Os 190.2	77 Ir 192.22	78 Pt 195.09	79 Au 196.97	80 Hg 200.59	81 Tl 204.37	82 Pb 207.19	83 Bi 208.98	84 Po 209 ±	85 At 210 ±	86 Rn 222 ±
7	87 Fr 223 ±	88 Ra 226.02	89 Ac 227.03															

Lanthanoide	58 Ce 140.12	59 Pr 140.91	60 Nd 144.24	61 Pm 145 ±	62 Sm 150.4	63 Eu 151.96	64 Gd 157.25	65 Tb 158.92	66 Dy 162.50	67 Ho 164.93	68 Er 167.26	69 Tm 168.93	70 Yb 173.04	71 Lu 174.97
Actinoide	90 Th 232.04	91 Pa 231.04	92 U 238.03	93 Np 237.05	94 Pu 244 ±	95 Am 243 ±	96 Cm 247 ±	97 Bk 247 ±	98 Cf 251 ±	99 Es 254 ±	100 Fm 257 ±	101 Md 258 ±	102 No 259 ±	103 Lr 260 ±

18.2 Langperiodensystem

Um die Auffüllung der Hauptschalen mit n > 3 darstellen zu können, muß man einen Kompromiß eingehen. Das geschieht im sogenannten Langperiodensystem.

18.3 Haupt- und Nebengruppen, Kurz- und Langperiodensystem

Elemente, bei denen Elektronen in die äußerste Schale ihrer Atome eingebaut werden, nennt man *Hauptgruppenelemente* (vgl. Seite 39). Im *Kurzperiodensystem* werden nur Hauptgruppenelemente eingetragen.

Wenn Elektronen in innere Schalen eingebaut werden, handelt es sich um *Nebengruppenelemente* oder *Übergangselemente* (vgl. Seite 38). Werden Haupt- **und** Nebengruppenelemente in das Periodensystem eingetragen, ist es ein *Langperiodensystem*.

Im Langperiodensystem werden die Hauptgruppen und Nebengruppen mit römischen Ziffern bezeichnet. Bei den Hauptgruppen folgt der Zusatz a, bei den Nebengruppen der Zusatz b. In letzter Zeit wurde der Vorschlag gemacht, die Gruppen im Periodensystem durchlaufend von 1 bis 18 (s. oben) zu numerieren. In diesem Fall

18. Periodensystem *Wertigkeit, Elementeigenschaften*

besteht zwischen Gruppennummer und Zahl der Außenelektronen kein unmittelbarer Zusammenhang (Seite 39).

Im Periodensystem der Elemente sind diese nach steigender Kernladungszahl angeordnet. Deshalb sind **nicht alle Elemente** nach ihrer Atommasse notiert. Eine Umstellung entgegen der Anordnung nach der Atommasse liegt vor bei Ar/K, Te/I, Co/Ni und Th/Pa.

18.4 Aussagen des Periodensystems

18.4.1 Stöchiometrische Wertigkeit

Die Gruppennummer der Hauptgruppenelemente entspricht der Höchstwertigkeit gegenüber Sauerstoff der in der Gruppe stehenden Elemente. Die Wertigkeit gegenüber Wasserstoff entspricht der Gruppennummer bei den Gruppen I bis IV und fällt dann wieder um je eine Einheit.
Höchstwertigkeit gegenüber Sauerstoff bedeutet, daß ein Element sich auch mit einer niedrigeren Wertigkeit mit Sauerstoff verbinden kann. Beispiele sind Schwefeldioxid SO_2, Phosphortrioxid P_2O_3.
Beim Periodensystem von L. Meyer und D. Mendelejew war die Anordnung der Elemente nach ihrer Atommasse **und** ihrer Wertigkeit entscheidend.

Die stöchiometrische Wertigkeit steht im Zusammenhang mit den Elektronenhüllen der Atome von Elementen. Ein Vergleich der folgenden Tabelle mit dem Periodensystem (S. 39, 40) macht dies deutlich.

Element	stöchiometrische Wertigkeit	Erklärung
Na	I	$Na \longrightarrow Na^+ + e^-$
Mg	II	$Mg \longrightarrow Mg^{2+} + 2e^-$
Al	III	$Al \longrightarrow Al^{3+} + 3e^-$
Cl	I	$Cl + e^- \longrightarrow Cl^-$
S	II	$S + 2e^- \longrightarrow S^{2-}$

Durch die Abgabe bzw. Aufnahme von Elektronen werden stabile Elektronenkonfigurationen gebildet (Oktettregel Seite 39).

18.4.2 Metalle – Halbmetalle – Nichtmetalle

Innerhalb einer Periode fällt der Metallcharakter von links nach rechts.
Innerhalb einer Gruppe nimmt der Metallcharakter mit steigender Ordnungszahl zu.
Entlang einer Diagonalen von *Bor* zu *Tellur* befinden sich Halbmetalle.
Alle **Nebengruppenelemente** sind **Metalle.**

I	II	III	IV	V	VI	VII	V II
Li	Be	B	C	N	O	F	Ne
Na	Mg	Al	Si	P	S	Cl	Ar
K	Ca	Ga	Ge	As	Se	Br	K⁻
Rb	Sr	In	Sn	Sb	Te	I	Xe
Cs	Ba	Tl	Pb	Bi	Po	At	Rr

■ Metalle, ■ Halbmetalle, ■ Nichtmetalle.

Das Element mit dem ausgeprägtesten Metallcharakter ist das wenig bekannte Metall Francium (Fr). Es steht im Periodensystem (s. S. 40) am weitesten unten und ganz links.
Dementsprechend ist das Element mit den reinsten Nichtmetalleigenschaften das Fluor (F). Die Edelgase, die im Periodensystem rechts stehen, werden bei dieser Betrachtung nicht berücksichtigt. Der Übergang von einem Nichtmetall über ein Halbmetall zu einem ausgesprochenen Metall wird bei den Elementen der IV. Hauptgruppe Kohlenstoff (C) – Silicium (Si) – Blei (Pb) besonders deutlich.

Halbmetalle unterscheiden sich von Metallen u. a. in der elektrischen Leitfähigkeit. **Metalle** besitzen eine gute elektrische Leitfähigkeit, Halbmetalle leiten bei Zimmertemperatur den elektrischen Strom dagegen nur gering, **Nichtmetalle** gar nicht. Ein weiterer Unterschied ist, daß Metalle einen silberweißen Metallglanz, Halbmetalle einen grauen Metallglanz zeigen. Nichtmetalle haben keinen Metallglanz. Unter Normalbedingungen gibt es zwei flüssige Elemente: das Metall Quecksilber und das Nichtmetall Brom.

18. Periodensystem *Atomradius, Valenzelektronen*   19. Alkalimetalle

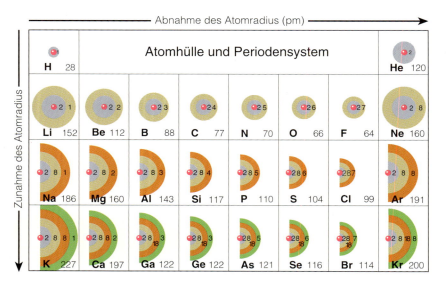

Die Elektronen werden in die 1. und 2. Schale bis zur vollen Auffüllung eingebaut. In die 3. Schale werden zunächst 8 Elektronen eingebaut (Element 18), dann wird bereits die Auffüllung der 4. Schale begonnen (Elemente K und Ca). Dann aber erhält die dritte Schale bei den Übergangsmetallen 21 (Sc) bis 30 (Zn) die noch fehlenden Elektronen. Ab dem Element 31 (Ga) werden weitere Elektronen in die 4. Schale eingebaut.

18.4.3 Atomradius

Der Atomradius fällt innerhalb einer Periode von links nach rechts; er nimmt in einer Gruppe von oben nach unten zu. Die Edelgase machen dabei eine Ausnahme.

18.4.4 Valenzelektronen

Die **Gruppennummer** gibt für jede Hauptgruppe die Zahl der Valenzelektronen an. Die **Periodennummer** gibt an, in welcher Hauptschale diese sind.

19. Die I. Hauptgruppe
Alkalimetalle

In der I. Hauptgruppe stehen die Elemente *Lithium, Natrium, Kalium, Rubidium, Caesium* und *Francium*. Sie heißen **Alkalimetalle.** In ihrer äußersten Elektronenschale haben sie alle **ein Elektron.**

Beispiel:

Elektronenhülle des Na-Atoms
Hauptschale	1	2	3
Elektronen	2	8	1

Innerhalb einer Periode hat das Alkalimetall jeweils die **niedrigste Ionisierungsenergie.** Alkalimetalle bilden leicht Ionen und gehören deshalb zu den **reaktionsfähigsten Metallen.**

Diese Eigenschaft kann mit dem Aufbau der Elektronenhülle verstanden werden. In ihrer Außenschale befindet sich ein einziges Elektron, das leicht vom Atom abgetrennt werden kann. Die Ionisierungsenergie fällt mit steigendem Atomradius, so daß die Reaktionsfähigkeit innerhalb der Gruppe mit dem steigenden Atomradius zunimmt. Auffallend ist ihre **geringe Dichte.** Lithium, Natrium und Kalium sind leichter als Wasser. Diese drei Elemente wurden zu Beginn des 19. Jahrhunderts entdeckt. Die Entdeckung von Natrium und Kalium gelang bereits 1807 dem englischen Chemiker Humphry Davy durch Zersetzung ihrer Oxide mit Hilfe des elektrischen Stroms. Die Bestimmung ihrer

19. Alkalimetalle   20. Erdalkalimetalle

Dichte ergab, daß der Satz „*Die Metalle sind schwerer als Wasser*" nicht mehr zu halten war. Dies ist ein Beispiel für die große Bedeutung experimenteller Untersuchungen in der Chemie. Alle Alkalimetalle **reagieren mit Wasser** zu Wasserstoff und Laugen. Sie sind so weich, daß man sie mit dem Messer schneiden kann. Alle Alkalimetalle geben charakteristische Flammenfarben.

Um die Flammenfarben von Kalium, Rubidium und Caesium zu unterscheiden, muß das Emissionsspektrum mit Hilfe eines Spektroskops bestimmt werden. Dabei wird die leuchtende Flamme mit einem Spektroskop betrachtet. Jeder Metalldampf liefert nämlich ein für das Element charakteristische Emissionsspektrum (Linienspektrum). Vgl. die Tabelle.

Wegen ihrer **großen Reaktionsfähigkeit** müssen sie unter Petroleum oder Paraffinöl (Schutz vor Wasser und Luft) aufbewahrt werden. Im festen Zustand bilden sie das *kubisch- innenzentrierte Gitter*. Dabei hat jedes Metallatom 8 nächste Nachbarn (Koordinationszahl).

Unter **Gitter** versteht man die regelmäßige Anordnung von Atomen, Molekülen oder Ionen in einem Teilchenverband.

Emissionsspektren der Alkalimetalle

Element	Flammen-färbung	Wellenlänge des emittierten Lichts [nm]		
Lithium	karminrot	670,8		
Natrium	gelb	589,3		
Kalium	violett	769,9	766,5	404,5
Rubidium	violett	780,0	421,6	
Caesium	violett	697,3	455,5	459,3

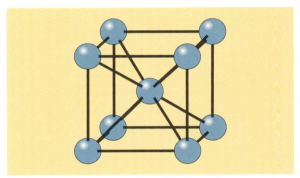

Kubisch-innenzentriertes Gitter. Die Koordinationszahl ist 8.

20. Die II. Hauptgruppe
Erdalkalimetalle

Die Elemente der II. Hauptgruppe sind *Beryllium, Magnesium, Calcium, Strontium, Barium, Radium.* Ihre Atome haben in der Außenschale **zwei Elektronen.**

Beispiel:

Elektronenhülle des Mg-Atoms
| Hauptschale | 1 | 2 | 3 |
| Elektronen | 2 | 8 | 2 |

Ihre Ionen sind zweifach positiv geladen, Me^{2+}.

Die **Reaktionsfähigkeit nimmt mit steigender Atommasse zu.** Sie verbrennen an der Luft zu kaum schmelzbaren Oxiden. Magnesium reagiert nur in der Hitze mit Wasser merklich zu Magnesiumhydroxid und Wasserstoff. Die schwereren Erdalkalimetalle **reagieren bereits bei Zimmertemperatur.** Die Hydroxide sind weniger löslich als die der Alkalimetalle. Calcium, Strontium und Barium zeigen charakteristische Flammenfarben. *Radium* ist ein **radioaktives Element,** ein Zerfallsprodukt des Urans. Es wurde 1898 von P. und M. Curie bei der Untersuchung des Uranminerals *Pechblende* entdeckt.

20. Erdalkalimetalle   21. Erdmetalle

Calcium, Strontium und Barium zeigen charakteristische Flammenfarben, die zum Nachweis der Elemente benutzt werden. Die wichtigsten Linien des Emissionsspektrums sind in der nebenstehenden Tabelle enthalten.

Strontium- und Bariumsalze finden wegen der Flammenfärbung in Feuerwerkskörpern und zur Herstellung „bengalischer Feuer" Verwendung.

Emissionsspektren der Erdalkalimetalle

Element	Flammen-färbung	Wellenlänge der charakteristischen Linien [nm]
Calcium	ziegelrot	622,0 und 553,5
Strontium	karminrot	605,0 und 460,8
Barium	grün	524,2 und 513,7

21. Die III. Hauptgruppe
Erdmetalle

In der III. Hauptgruppe stehen die Elemente *Bor, Aluminium, Gallium, Indium, Thallium. Bor ist ein Halbmetall* mit Halbleitereigenschaften. Bei den übrigen Elementen steigt der Metallcharakter mit der Atommasse. *Aluminium ist das häufigste Metall der Erdrinde.*

Beispiel:

Elektronenhülle des Al-Atoms
Hauptschale	1	2	3
Elektronen	2	8	3

Die Erdmetalle kommen wegen ihrer Reaktionsfähigkeit nicht elementar vor. Sie **lösen sich** mit Ausnahme von Bor **in nichtoxidierenden Säuren,** Aluminium auch in Laugen zu Aluminaten. Es ist deshalb **amphoter** (s. auch S. 97). Aluminium ist das wichtigste *Leichtmetall.* Es hat eine Dichte von 2,7 g/cm^3. Darauf beruht seine zunehmende Bedeutung im Verkehrswesen, besonders im Flugzeugbau.

Verwendung des Aluminiums in Westeuropa (1982: 417 Mio. t)

Industriezweig	Anteil am Gesamt-Aluminium-Verbrauch (%)	Lebens-dauer (Jahre)	Anteil des Recycling (%)	Industriezweig	Anteil am Gesamt-Aluminium-Verbrauch (%)	Lebens-dauer (Jahre)	Anteil des Recycling (%)
Verkehr	25 – 30	10	50 – 75	Elektrotechnik	8 – 10	10 – 30	60 – 70
Bauwesen	18 – 22	10 – 30	50 – 70	Haushaltswaren	6 – 9	4 – 12	25 – 30
Verpackung	10 – 12	1	3 – 20	Maschinenbau	6 – 9	10	50 – 70

22. Die IV. Hauptgruppe
Kohlenstoffgruppe

Die Elemente der IV. Hauptgruppe sind *Kohlenstoff, Silicium, Germanium, Zinn, Blei.* Sie treten zwei- und vierwertig auf. Mit steigender Ordnungszahl nimmt die Stabilität der Verbindungen mit zweiwertigem Metall zu. Innerhalb der Gruppe erfolgt ein Übergang vom **Nichtmetall** Kohlenstoff über die **Halbmetalle** Silicium und Germanium zu den **Metallen** Zinn und Blei.
Kohlenstoff tritt in drei *Modifikationen* auf: **Diamant, Graphit** und **Fullerene**.
Modifikationen von Elementen unterscheiden sich in ihrer Kristallstruktur und damit in ihren Eigenschaften.

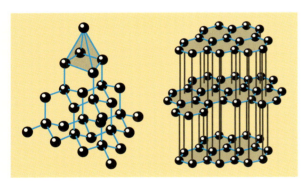

Diamant   Graphit

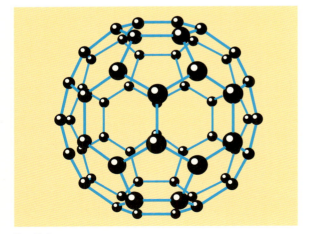

C$_{60}$ Fulleren

Kohlenstoff kann wie kein anderes Element leicht *Mehrfachbindungen* eingehen:

$=C=C=$ Doppelbindung;
$-C\equiv C-$ Dreifachbindung.

Seine wichtigste Eigenschaft ist die Fähigkeit zur Bildung von Ketten- und Ringmolekülen:

So entsteht die Fülle von **organischen Molekülen,** die die stoffliche Grundlage des Lebens bilden.
Silicium, das *zweithäufigste Element der Erdkruste,* bildet über Sauerstoffbrücken ebenfalls Ketten oder Gerüste, die *Silicate. Zinn* und *Blei* haben relativ niedrige *Schmelzpunkte.*
CO_2 ist stabiler als PbO_2. PbO_2 gibt leicht Sauerstoff ab, es ist ein Oxidationsmittel.

Zinn und *Blei* bilden mit anderen Metallen **Legierungen.** Charakteristisch für *Blei* ist die *geringe Härte,* so daß es beim Streichen über Papier einen „Bleistiftstrich" hinterläßt. *Bronze* ist eine Legierung von Zinn mit Kupfer. *Letternmetall* ist eine Legierung von Blei mit Antimon und etwas Zinn. Reines *Zinn* wird heute wenig benutzt, dagegen haben Zinnlegierungen ein breites Anwendungsfeld gefunden, z. B. als *Schnell-Lot* (Weichlot).
Zinngeschirr besteht aus einer Legierung von 90–95% Sn, 1–8% Sb und 0,5–3% Cu. Die Legierung darf Blei (giftig!) nicht enthalten. Darauf ist beim Kauf zu achten (Garantieerklärung).

23. Die V. Hauptgruppe
Stickstoffgruppe

Die Elemente *Stickstoff, Phosphor, Arsen, Antimon, Bismut* (früher: Wismut) bilden die V. Hauptgruppe des PSE. Ihre Atome haben fünf Außenelektronen. Innerhalb der Gruppe nehmen die metallischen Eigenschaften zu. *Stickstoff* ist ein **reines Nichtmetall,** bei *Phosphor, Arsen, Antimon* nehmen **metallische Modifikationen** zu. *Arsen* gilt als **Halbmetall,** *Bismut* als echtes **Metall.**
Die Modifikation „Weißer Phosphor" ist chemisch äußerst reaktionsfähig. Sie entzündet sich in feinverteilter Form an Luft von selbst und verbrennt mit heftiger Wärmeentwicklung zu einem Oxid der Zusammensetzung P_4O_{10}.
Weißer Phosphor zeigt im Dunkeln ein bläuliches Leuchten, das auf einer Oxidation an Luft beruht.

Dieses auf einem chemischen Vorgang (Oxidation) beruhende Leuchten ist eine **Chemolumineszenz.** Es ist keine Phosphoreszenz, denn diese erfolgt aufgrund einer Bestrahlung mit einer Lichtquelle.
Mit steigender Protonenzahl nimmt die Beständigkeit der Oxide mit dreiwertigem Element zu. Deshalb ist Bismut(V)-oxid im Gegensatz zu Phosphor(V)-oxid eine Verbindung, die leicht Sauerstoff abgibt.
Stickstoff kommt in der Natur vorwiegend elementar vor, die übrigen Elemente der V. Hauptgruppe in Verbindung mit Sauerstoff oder Schwefel.

24. Die VI. Hauptgruppe
Chalkogene

In der VI. Hauptgruppe stehen die Elemente *Sauerstoff, Schwefel, Selen, Tellur, Polonium.* Sauerstoff ist das **häufigste Element** der Erdoberfläche.
Eine besondere Modifikation des Sauerstoffs ist **Ozon,** dessen Molekül aus drei Sauerstoffatomen besteht. **Alle übrigen Elemente treten in mehreren Modifikationen auf.** Schwefel bildet Ringe und Ketten; er ist das Element mit den meisten Modifikationen.
Innerhalb der Gruppe nehmen mit steigender Ordnungszahl neben dem Atomradius auch Schmelz- und Siedepunkt zu. *Sauerstoff* und *Schwefel* sind Nichtmetalle, *Selen* und *Tellur* Halbmetalle, *Polonium* ist ein Metall.

Die häufigste Modifikation des Schwefels besitzt S_8-Moleküle. Diese ringförmigen Moleküle können beim Erhitzen aufbrechen und sich zu langkettigen Molekülen verbinden.

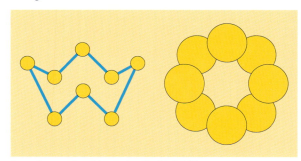

Anordnung der Atome im S_8-Molekül.

25. Die VII. Hauptgruppe
Halogene

Die Elemente *Fluor, Chlor, Brom, Iod* bilden die Gruppe der **Halogene.** Ihre Atome besitzen in ihrer Außenschale **sieben Elektronen.**

Beispiel:

Elektronenhülle des Cl-Atoms

Hauptschale	1	2	3
Elektronen	2	8	7

Durch Aufnahme eines einzigen Elektrons erreichen sie eine Edelgasschale. Darauf beruht ihre *besondere Reaktionsfähigkeit.* Halogene verbinden sich direkt mit Metallen zu Salzen.

Natrium + Chlor ⟶ Natriumchlorid
(Kochsalz)

Darauf beruht ihr Name **Halogen = Salzbildner.** Weil mit wachsendem Atomradius die Anziehungskraft des Atomkerns auf Elektronen eines Reaktionspartners nachläßt, **sinkt mit steigender Ordnungszahl die Reaktionsfähigkeit** bei den Halogenen. Auch die Halogene zeigen die kontinuierliche Abänderung der Eigenschaften innerhalb einer Hauptgruppe, obwohl sie alle Nichtmetalle sind. Bei Normalbedingungen sind Fluor und Chlor Gase, Brom ist eine Flüssigkeit und Iod ein metallisch glänzender Feststoff. Fluor nimmt in chemischer Hinsicht eine Sonderstellung unter den Halogenen ein. Ein Beispiel dafür ist neben dem Verhalten zu Wasser auch seine besondere Reaktionsfähigkeit. Fluor ist unter allen Elementen das reaktionsfähigste.

Chlor ist eine der wichtigsten Industriechemikalien. Zur Zeit werden in der Bundesrepublik Deutschland jährlich über 3 Millionen Tonnen Chlor erzeugt. Die größten Mengen werden für die Produktion von Kunststoffen, Pflanzenschutz- und Schädlingsbekämpfungsmittel verbraucht. Im festen Iod sind Iodmoleküle in einem **Molekülgitter** angeordnet. Der Zusammenhalt der Iodmoleküle innerhalb des Gitters ist aber nicht sehr fest. Deshalb neigt Iod zur Sublimation, d. h. festes Iod geht verhältnismäßig leicht in den gasförmigen Zustand über.

Das Verhalten der Halogene zu Wasser ändert sich innerhalb der Hauptgruppe kontinuierlich. Fluor zersetzt Wasser, Chlor löst sich gut in Wasser, Brom nur mäßig und Iod kaum noch.

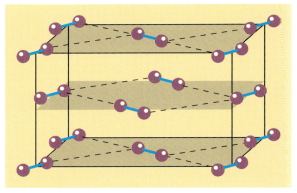

Kristallstruktur von Iod als Beispiel für ein Molekülgitter (die Wechselwirkungen zwischen den Iodmolekülen sind gestrichelt).

26. Edelgase 27. Übergangselemente

26. Die Hauptgruppe der *Edelgase*

Die Gruppe umfaßt die Elemente *Helium, Neon, Argon, Krypton, Xenon, Radon.* Ihre Atome haben in ihrer Außenschale beim Helium **zwei,** bei den anderen Elementen immer **acht Elektronen.** Die Stabilität dieser Elektronenkonfiguration bedingt die **höchsten Ionisierungsenergien** innerhalb einer Periode. Sie ist auch der Grund, warum Edelgase **einatomig** auftreten und kaum Verbindung eingehen. Erst 1962 wurde die erste Xenonverbindung synthetisiert. Das häufigste Edelgas ist Argon. Sein Volumenanteil in der Luft beträgt 0,9 %. Die Tabelle zeigt die regelmäßige Änderung der Eigenschaften von Edelgasen mit steigender Protonenzahl. Der bekannteste Anwendungsbereich von Edelgasen ist die Beleuchtungstechnik. Der Begriff „Neonröhre" deutet auf die früher bedeutende Stellung des rot leuchtenden Neons in Leuchtröhren für Reklamezwecke hin. Moderne Leuchtstoffröhren enthalten nur geringe Anteile an Neon. Heute werden als Edelgas für Leuchtstoffröhren hauptsächlich Argon und Krypton verwendet.

Diese Gase haben auch als Füllgas in Glühlampen Bedeutung erlangt. Die Füllung mit einem Argon-Stickstoff-Luftgemisch schützt den Glühdraht vor Verbrennung und verbessert damit die Lebensdauer und Lichtausbeute (höhere Glühtemperatur bedeutet stärkeres Leuchten) der Lampe wesentlich. Noch besser wirkt ein Krypton-Stickstoff-Luftgemisch. Seine geringere Wärmeleitfähigkeit ermöglicht hohe Glühfadentemperaturen und kleinere Baugrößen der Lampen.

27. Die Übergangselemente

Elemente, in deren Atome innere Schalen mit Elektronen aufgefüllt werden, nennt man **Übergangselemente** (Nebengruppenelemente) oder **Übergangsmetalle,** da sie ausschließlich Metalle sind. Im Gegensatz zu Hauptgruppenmetallen treten sie hauptsächlich in **mehreren verschiedenen Wertigkeitsstufen** auf. Viele bekannte Metalle sind Übergangsmetalle, z. B. Kupfer, Eisen, Chrom, Nickel; auch die **Edelmetalle** gehören dazu, z. B. Silber, Gold, Platin. Die Verbindungen der meisten Übergangsmetalle sind farbig. Charakteristisch ist die Tendenz, **Komplexverbindungen** zu bilden. Dabei ist ein **Zentralion** von einer bestimmten Zahl **Liganden** (Atome, Ionen, Moleküle) umgeben. Die Zahl der Liganden ist die **Koordinationszahl.**

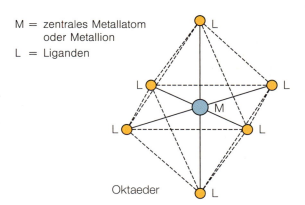

M = zentrales Metallatom oder Metallion
L = Liganden

Oktaeder

Beispiele: Koordinationszahl 6

$[Co(H_2O)_6]^{2+}$; $[Fe(H_2O)_6]^{2+}$

28. Bindungslehre

28.1 Die Ionenbindung

Ionen sind positiv oder negativ geladene Teilchen (Seite 28). Sie stimmen in ihrer Elektronenkonfiguration meist mit einem Edelgas überein. Verbindungen, die aus Ionen aufgebaut sind, sind **Salze**. Der Zusammenhalt der Ionen (= Ionenbindung) in einem Salz beruht auf der **Anziehungskraft zwischen den entgegengesetzten Ladungen.**

Coulombsches Gesetz:

> Die Anziehungskraft (F) zwischen zwei Ionen ist direkt proportional den Ladungen und umgekehrt proportional dem Quadrat des Abstandes.
> $$F = f \cdot \frac{Q_1 \cdot Q_2}{r^2}$$

Q *Ionenladung*, r *Abstand der gedachten Ionenmittelpunkte*, f *Konstante abhängig vom Medium.*

Diese Anziehungskräfte wirken in alle Richtungen, so daß sich Ionen zu größeren Teilchenverbänden, einem **Ionenkristall,** ordnen. Dabei sind die Ionen regelmäßig in einem **Ionengitter** angeordnet.

Die **Koordinationszahl** gibt an, wieviel nächste Nachbarn (= entgegengesetzt geladene Ionen) ein bestimmtes Ion im Gitter hat.

Die Formeln von Salzen, z. B. NaCl, CaF_2, darf nicht zu der Annahme verleiten, daß der Kristall aus Molekülen besteht! Die Formel gibt nur das Zahlenverhältnis der Ionen im Gitter wieder. In einem Salz ist die Summe der positiven Ladungen gleich denen der negativen Ladungen.

Beispiele:

$$Ca^{2+} + 2\,F^- \longrightarrow CaF_2$$
$$Na^+ + F^- \longrightarrow NaF$$
$$2\,K^+ + O^{2-} \longrightarrow K_2O$$
$$2\,Al^{3+} + 3\,O^{2-} \longrightarrow Al_2O_3$$

Die Zahl der positiven bzw. negativen Ladungen ist die **Ladungszahl.**

Gitterenergie (kJ/mol)			
NaCl	788	MgO	3 791
KCl	715	CaO	3 525
$CaCl_2$	2 258	Al_2O_3	15 000

Wenn sich Ionen zu einem Kristall ordnen, wird Energie frei. Man nennt sie **Gitterenergie.** Sie kann nicht experimentell bestimmt, aber berechnet werden. Die Gitterenergie ist ein Maß für die **Stabilität eines Ionenkristalls.** Sie ist aufzubringen, um durch Schmelzen oder Lösen die Ionen aus dem Gitterverband zu befreien. Je größer die Gitterenergie ist, desto höher liegt

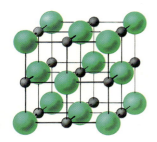

Ionengitter

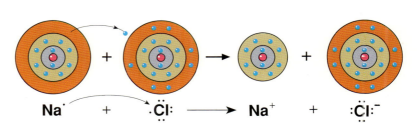

Bildung von Natriumchlorid, NaCl

28. Bindungslehre *Formulierung von Salzen*

der Schmelzpunkt und desto geringer ist die Wasserlöslichkeit.

> Die *Schmelzen und Lösungen* von *Salzen leiten den elektrischen Strom* (Bewegung elektrischer Ladungsträger, Ionen).

28.1.1 Regeln zum Aufstellen der Formeln binärer Salze

Binäre Salze bestehen nur aus zwei verschiedenen Elementen. Ihre Formeln werden mit Hilfe des Periodensystems gefunden. Zu berücksichtigen ist, daß Ionen meist in ihrer Elektronenkonfiguration mit einem Edelgas übereinstimmen (8 Elektronen in der Außenschale). Beim Aufstellen der Formeln sind folgende Regeln zu beachten:

> 1. Die Zahl der Außenelektronen bei Hauptgruppenelementen entspricht der Gruppennummer. So kann leicht abgeleitet werden, wieviel Elektronen abgegeben bzw. aufgenommen werden müssen, um ein Elektronenoktett (Achterschale) zu erreichen.

$$Na \cdot \longrightarrow Na^+ + e^-$$

$$Ca\colon \longrightarrow Ca^{2+} + 2\,e^-$$

$$\dot{A}l\colon \longrightarrow Al^{3+} + 3\,e^-$$

$$\colon\!\dot{N}\cdot + 3\,e^- \longrightarrow \colon\!\ddot{N}\colon^{3-}$$

$$\colon\!\dot{S}\colon + 2\,e^- \longrightarrow \colon\!\ddot{S}\colon^{2-}$$

$$\colon\!\ddot{F}\colon + e^- \longrightarrow \colon\!\ddot{F}\colon^{-}$$

Die Summe der positiven Ladungen ist gleich der Summe der negativen. Daraus ergibt sich:

Na_3N, Na_2S, NaF;
Ca_3N_2, CaS, CaF_2;
AlN, Al_2S_3, AlF_3;
Na_2O, MgO, Al_2O_3;
K_2S, BeF_2, $PbCl_4$.

> 2. Die Elemente Zinn (Sn) und Blei (Pb) haben zwar vier Außenelektronen, sie geben aber auch häufig nur zwei Elektronen ab und bilden die Ionen Sn^{2+} bzw. Pb^{2+}. Die römische Ziffer entspricht der Zahl der abgegebenen Elektronen.

Zinn(II)-oxid	SnO
Zinn(II)-chlorid	$SnCl_2$
Blei(II)-chlorid	$PbCl_2$
Blei(II)-oxid	PbO

Es gibt auch Salze mit Sn^{4+} und Pb^{4+}

Zinn(IV)-chlorid	$SnCl_4$
Zinn(IV)-oxid	SnO_2
Blei(IV)-chlorid	$PbCl_4$
Blei(IV)-oxid	PbO_2

> 3. Die Atome der Übergangsmetalle können zur Ionenbildung meist eine unterschiedliche Zahl von Elektronen abgeben. Die Nummer der Nebengruppe gibt an, wieviel Elektronen maximal abgegeben werden können. Die Wertigkeit VIII wird fast nie erreicht.

Beispiele: Oxide von Übergangsmetallen

TiO_2	Titan(IV)-oxid
V_2O_5	Vanadin(V)-oxid
Cr_2O_3	Chrom(III)-oxid
Mn_2O_7	Mangan(VII)-oxid

> 4. Die Atome der Metalle der I. Nebengruppe können ein oder zwei Elektronen abgeben. Dementsprechend gibt es zwei Reihen von Salzen.

Beispiele für Kupfersalze:

Cu_2O	Kupfer(I)-oxid
CuO	Kupfer(II)-oxid
$CuCl$	Kupfer(I)-chlorid
$CuCl_2$	Kupfer(II)-chlorid

> 5. In einer Formel muß die Zahl der positiven Ladungen gleich der der negativen sein.

28. Bindungslehre Salze, Atombindung

28.1.2 Anwendung der Regeln zur Formulierung von Salzen

Ionenbindung tritt bei der Verbindung von Metallen mit Nichtmetallen auf.

Ion	O^{2-}	F^-	Cl^-	Br^-	I^-	S^{2-}
Li^+	Li_2O	LiF	$LiCl$	$LiBr$	LiI	Li_2S
K^+	K_2O	KF	KCl	KBr	KI	K_2S
Mg^{2+}	MgO	MgF_2	$MgCl_2$	$MgBr_2$	MgI_2	MgS
Ca^{2+}	CaO	CaF_2	$CaCl_2$	$CaBr_2$	CaI_2	CaS
Ba^{2+}	BaO	BaF_2	$BaCl_2$	$BaBr_2$	BaI_2	BaS
Al^{3+}	Al_2O_3	AlF_3	$AlCl_3$	$AlBr_3$	$AlBr_3$	Al_2S_3
Sn^{2+}	SnO	SnF_2	$SnCl_2$	$SnBr_2$	SnI_2	SnS
Sn^{4+}	SnO_2	SnF_4	$SnCl_4$	$SnBr_4$	SnI_4	SnS_2
Pb^{2+}	PbO	PbF_2	$PbCl_2$	$PbBr_2$	PbI_2	PbS
Bi^{3+}	Bi_2O_3	BiF_3	$BiCl_3$	$BiBr_3$	BiI_3	Bi_2S_3
Cu^+	Cu_2O	CuF	$CuCl$	$CuBr$	CuI	Cu_2S
Cu^{2+}	CuO	CuF_2	$CuCl_2$	$CuBr_2$	CuI_2	CuS
Ag^+	Ag_2O	AgF	$AgCl$	$AgBr$	AgI	Ag_2S
Au^{3+}	Au_2O_3	AuF_3	$AuCl_3$	$AuBr_3$	–	–
Zn^{2+}	ZnO	ZnF_2	$ZnCl_2$	$ZnBr_2$	ZnI_2	ZnS
Hg^{2+}	HgO	HgF_2	$HgCl_2$	$HgBr_2$	HgI_2	HgS
Ti^{4+}	TiO_2	TiF_4	$TiCl_4$	$TiBr_4$	TiI_4	TiS_2
Cr^{3+}	Cr_2O_3	CrF_3	$CrCl_3$	$CrBr_3$	CrI_3	Cr_2S_3
Fe^{2+}	FeO	FeF_2	$FeCl_2$	$FeBr_2$	FeI_2	FeS
Fe^{3+}	Fe_2O_3	FeF_3	$FeCl_3$	$FeBr_3$	FeI_3	Fe_2S_3
Co^{2+}	CoO	CoF_2	$CoCl_2$	$CoBr_2$	CoI_2	CoS
Ni^{2+}	NiO	NiF_2	$NiCl_2$	$NiBr_2$	NiI_2	NiS
Mn^{2+}	MnO	MnF_2	$MnCl_2$	$MnBr_2$	MnI_2	MnS
Mn^{7+}	Mn_2O_7	–	–	–	–	–
Cr^{6+}	CrO_3	–	–	–	–	–

28.2 Die Atombindung

Die Atome von Nichtmetallen können sich zu Molekülen verbinden, indem sie ein **gemeinsames Elektronenpaar** bilden und so jeweils zu einer Edelgaskonfiguration kommen.

> Diese Bindungsart heißt Atombindung, Elektronenpaarbindung oder kovalente Bindung.

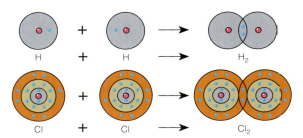

Molekülbildung nach dem Kern-Hülle-Modell (Seite 23).

$$3 H\cdot + \cdot \ddot{N}: \longrightarrow H:\ddot{N}:H = NH_3$$
$$\phantom{3 H\cdot + \cdot \ddot{N}: \longrightarrow H:\ddot{N}}H$$

Das für die Bindung verantwortliche Elektronenpaar ist das **bindende** Elektronenpaar, die anderen Elektronenpaare nennt man **nichtbindende** oder **freie** Elektronenpaare.
Wenn nur ein einziges Elektronenpaar die Bindung herstellt, spricht man von **Einfachbindung**:

$$H-H \qquad |\overline{\underline{F}}-\overline{\underline{F}}| \qquad H-\overline{N}-H \qquad H-\overline{\underline{Cl}}|$$
$$\phantom{H-H \qquad |\overline{\underline{F}}-\overline{\underline{F}}| \qquad H-\overline{N}}|$$
$$\phantom{H-H \qquad |\overline{\underline{F}}-\overline{\underline{F}}| \qquad H-\overline{N}}H$$

An Stelle von Punkten können Elektronenpaare auch mit Strichen symbolisiert werden. Solche Formeln nennt man **Lewis-Formeln**.

Wird die Atombindung von zwei gemeinsamen Elektronenpaaren gebildet, handelt es sich um eine **Doppelbindung**:

$$\langle O=C=O \rangle \qquad \underset{H}{\overset{H}{>}}C=C\underset{H}{\overset{H}{<}} \qquad H-C\underset{H}{\overset{\overline{Cl}}{=}}$$

28. Bindungslehre *Polare Atombindung*

Bei drei gemeinsamen Elektronenpaaren liegt eine **Dreifachbindung** vor:

$$|N \equiv N| \qquad H-C \equiv C-H$$

Die Anzahl der Atombindungen, die ein Atom ausbildet, nennt man **Bindigkeit.**

$$H-\overset{\overset{\displaystyle H}{|}}{\underset{\underset{\displaystyle H}{|}}{C}}-H \qquad H-\overset{}{\underset{\underset{\displaystyle H}{|}}{N}}-H \qquad H\overset{O}{\diagup}{\diagdown}H$$

vierbindig   dreibindig   zweibindig

Die Atome der Elemente der zweiten Periode können höchstens vier Atombindungen ausbilden. Deshalb gilt die Oktettregel (Kap. 17.2, S. 39) streng genommen nur für die zweite Periode. Auch die Ausbildung von Doppelbindungen ist nur bei den Elementen der zweiten Periode deutlich ausgeprägt: **Doppelbindungsregel.**

Bei den Atomen der Elemente der 3. und höherer Perioden können mehr als vier Atombindungen gebildet werden. Es kommt bei ihnen gelegentlich zur **„Oktettaufweitung".** In diesem Fall ist die Bindigkeit größer als vier.

$$\underset{\text{SF}_6}{\overset{F}{\underset{F}{\overset{F}{\diagdown}}}\overset{|}{\underset{|}{S}}\overset{F}{\diagup}{\overset{F}{}}} \qquad \underset{\text{PCl}_5}{\overset{Cl}{\underset{Cl}{\overset{}{\diagdown}}}\overset{Cl}{\underset{Cl}{P}}\overset{}{\diagup}}$$

Oktettaufweitung

28.2.1 Die polare Atombindung

In einer Atombindung wird das bindende Elektronenpaar von den positiven Kernladungen der miteinander verbundenen Atome angezogen. Bei Molekülen von **Elementen** sind die Anziehungskräfte beider Atome gleich.

$$|\overline{\underline{Cl}} - \overline{\underline{Cl}}|$$

Das bindende Elektronenpaar wird von den beiden Kernen der Cl-Atome gleich stark angezogen.
Bei Molekülen von **Verbindungen** sind zwei verschiedene Atome miteinander verbunden, von

denen jedes Atom eine charakteristische Anziehungskraft hat.

$$H-\overline{\underline{Cl}}| \quad \text{oder} \quad H \blacktriangleleft \overline{\underline{Cl}}| \quad \text{oder} \quad \overset{\delta+}{H}-\overset{\delta-}{\overline{\underline{Cl}}}|$$

Das bindende Elektronenpaar wird vom Kern des Chloratoms stärker angezogen. **Diese Atombindung ist polarisiert,** weil die negative Ladung (Elektronen) zum Chloratom verschoben ist. Der Keil symbolisiert die Elektronendichte zwischen den zwei verbundenen Atomen.
Je größer die Protonenzahl und je kleiner der Atomradius ist, desto stärker anziehend wirkt die Kernladung auf das bindende Elektronenpaar. Diese Eigenschaft eines Atoms wird durch eine Verhältniszahl, die **Elektronegativität,** ausgedrückt. Sie gibt an, wie stark ein Atom die Elektronen in einer Atombindung anzieht. Als Bezugsatom gilt das Atom mit der stärksten Anziehungskraft, das Fluoratom. Dem Fluoratom wird die Elektronegativität = 4 zugeschrieben.

Elektronegativität der Elemente nach Pauling

H 2,1							He
Li 1,0	Be 1,5	B 2,0	C 2,5	N 3,0	O 3,5	F 4,0	Ne
Na 0,9	Mg 1,2	Al 1,5	Si 1,8	P 2,1	S 2,5	Cl 3,0	Ar
K 0,8	Ca 1,0	Ga 1,6	Ge 1,8	As 2,0	Se 2,4	Br 2,8	Kr
Rb 0,8	Sr 1,0	In 1,7	Sn 1,8	Sb 1,9	Te 2,1	I 2,5	Xe
Cs 0,7	Ba 0,9	Tl 1,8	Pb 1,8	Bi 1,9	Po 2,0	At 2,2	Rn

> Ein Molekül mit einem negativ und einem positiv geladenen Pol ist ein **Dipol** (zwei Pole).

Beim dreiatomigen CO_2-Molekül sind die beiden Doppelbindungen polarisiert.
Da es ein gestrecktes Molekül ist, heben sich die entgegengesetzten Ladungen auf.
Folge: **CO_2 ist kein Dipol.**

$$\langle O = C = O \rangle \qquad \text{oder} \qquad \langle O \blacktriangleright C \blacktriangleleft O \rangle$$

52

28. Bindungslehre *Hydratation, Molekülkristalle, Molekülgeometrie*

Das dreiatomige H₂O-Molekül ist gewinkelt. Hier trägt das Sauerstoffatom eine negative Teilladung und die beiden Wasserstoffatome die positive Teilladung. Es kommt zu keinem Aufheben der Ladungen. Folge: **H₂O ist ein Dipol.**

Verbindungen mit Dipol-Molekülen sind polare Verbindungen. Je größer die Elektronegativitätsdifferenzen der miteinander verbundenen Atome sind, desto stärker ist der Ionencharakter einer Verbindung. Bei Elektronegativitätsdifferenz > 1,7 liegt Ionenbindung vor.

28.2.2 Hydratation

Beim Lösen eines Salzes werden die Ionen von den Dipol-Molekülen des Wassers umhüllt: **Hydratation.** Der negative Pol von H₂O orientiert sich zum Kation, der positive Pol zum Anion.

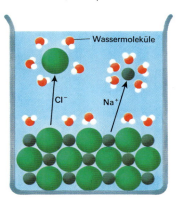

Die Hydratation verläuft exotherm. Diese Hydratationsenergie wirkt mit bei der Überwindung der Gitterenergie (S. 49) des Salzes.

28.2.3 Molekülkristalle

In einem Molekülkristall sind die einzelnen Moleküle nur durch **schwache Anziehungskräfte** miteinander verbunden (Seite 47 Iodgitter). Im Gegensatz zu Salzen haben Molekülverbindungen deshalb niedrige Schmelz- und Siedepunkte. Festes Kohlenstoffdioxid sublimiert bereits bei −78°C und bildet dabei ein Gas mit freibeweglichen CO₂-Molekülen. Wegen des Fehlens von Ladungsträgern leiten Molekülverbindungen nicht den elektrischen Strom.

> Molekülverbindungen haben niedrige Schmelz- und Siedepunkte. Sie leiten nicht den elektrischen Strom.

28.2.4 Der räumliche Bau von Molekülen

Bei der Ableitung des räumlichen Baus von Molekülen („Molekülgeometrie") kommt es auf die Elektronen – meist Elektronenpaare – an, die ein Zentralatom (Z) umgeben. An den „bindenden" Elektronenpaaren befinden sich weitere Atome (*Liganden*, L). Um das räumliche Vorstellungsvermögen zu erleichtern, denkt man sich das Zentralatom im Mittelpunkt einer Kugel an deren Oberfläche die Elektronen lokalisiert sind.

> Elektronenpaare stoßen sich auf Grund ihrer negativen Ladung ab. Die Folge ist, daß Elektronenpaarbindungen *(Atombindungen)* in einem Molekül möglichst weit voneinander getrennt sind.

R. J. Gillespie formuliert in seinem Buch „Molekülgeometrie" zur Anordnung von Elektronenpaaren in den Valenzschalen als „erste und fundamentalste" Regel:

> Die Elektronenpaare in einer Valenzschale ordnen sich in möglichst großer Entfernung voneinander an, d. h. die Elektronenpaare verhalten sich, als ob sie einander abstoßen.

Diese Regel wird im nächsten Kapitel noch erläutert und graphisch dargestellt.

Anordnungen für zwei bis sechs Elektronenpaare

Zahl der Elektronenpaare	Anordnung
2	linear
3	gleichseitiges Dreieck
4	Tetraeder
5	trigonale Bipyramide
6	Oktaeder

53

28. Bindungslehre *Regeln zur Molekülgeometrie*

28.2.5 Regeln zur Anordnung von Elektronenpaaren

1. Zwei Elektronenpaare um das Zentralatom ergibt eine lineare Anordnung beiderseits des Kugelmittelpunktes.

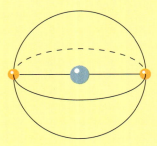

2. Drei Elektronenpaare um das Zentralatom führen zu einer trigonalen Anordnung.

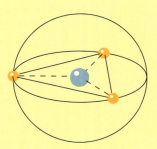

3. Vier Elektronenpaare werden sich an den Ecken eines Tetraeders anordnen.

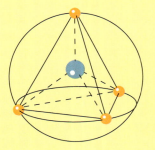

4. Die Anordnung von fünf Elektronenpaaren führt zu einer trigonalen Bipyramide.

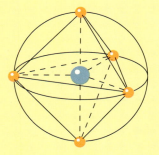

5. Sechs Elektronenpaare sind an den Ecken eines Oktaeders angeordnet.

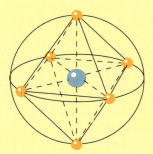

6. Freie (einsame) Elektronenpaare (E) stoßen benachbarte Paare stärker ab, als bindende (B) Elektronenpaare abstoßen können. Daraus ergibt sich die folgende Reihe der Abstoßungswirkung:

$$E-E > E-B > B-B$$

7. Die von Mehrfachbindungen ausgehende Abstoßung ist größer als die von Einfachbindungen.
8. Wechselwirkungen zwischen Elektronenpaaren bei Winkeln von 120° und darüber sind zu vernachlässigen.

28. Bindungslehre *Beispiele zur Molekülgeometrie*

28.2.6 Anwendung des Konzepts der Elektronenpaarabstoßung auf die Molekülgeometrie

Elektronenpaare		Struktur	Beispiele			
bindend	nicht-bindend					
2	–	linear	CO_2	$O=C=O$	N_2O	$N=N=O$
3	–	trigonal eben	BF_3	$F-B(F)(F)$	CO_3^{2-}	$O-C(O)(O)$
2	1	gewinkelt	SO_2	$O=S-O$	O_3	$O-O=O$
4	–	tetraedrisch	CH_4	$H-C(H)(H)H$	NH_4^+	$H-N^+(H)(H)H$
3	1	pyramidal	NH_3	$H-N(H)H$	H_3O^+	$H-O^+(H)H$
2	2	gewinkelt	H_2O	$H-O-H$	H_2S	$H-S-H$
5	–	trigonal-bipyramidal	PCl_5	$Cl-P(Cl)(Cl)(Cl)Cl$	PF_5	$F-P(F)(F)(F)F$
6	–	oktaedrisch	SF_6	$F-S(F)(F)(F)(F)F$	IOF_5	$F-I(F)(F)(F)(O)F$

28. Bindungslehre *Zwischenmolekulare Bindungen*

28.3 Zwischenmolekulare Bindungen

28.3.1 Van-der-Waals-Kräfte

Die negative Ladung der Elektronen ist nicht immer gleichmäßig um den Atomkern verteilt. Wenn es aufgrund der Elektronenbewegung kurz zu einer einseitigen **Verlagerung von negativen Ladungen** kommt, wird das Atom für diesen Augenblick zu einem *Dipol*. Dieser Dipol wirkt auf die entgegengesetzte Ladung eines anderen Dipols anziehend. Es kommt zu einer schwachen Bindung, der **van-der-Waals-Bindung.** Sie ist umso stärker, je größer die Elektronenzahl und je größer die Oberfläche des Moleküls ist.

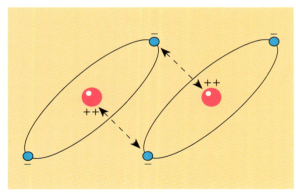

Deutung der Anziehungskräfte zwischen Heliumatomen

Van-der-Waals-Kräfte wirken z. B. zwischen Edelgasatomen.
Beim Helium sind die van-der-Waals-Kräfte am schwächsten. Sie reichen nicht aus, das Helium bei Atmosphärendruck in den festen Zustand zu überführen. Dies gelingt nur bei einem Druck von 25,5 bar und einer Temperatur von −272,1 °C. Auch der Zusammenhalt eines Gitters von Molekülen, die keinen Dipol darstellen, beruht auf der schwachen van-der-Waals-Bindung (Seite 47).

Beispiele: I_2, CO_2, CH_4.

Darauf beruht ihr niedriger Schmelzpunkt/Siedepunkt.

28.3.2 Dipol-Dipol-Wechselwirkung

Bei Molekülen mit einem permanenten (dauernden) Dipol kommt es zwischen den entgegengesetzt geladenen Polen zu einer *elektrostatischen Anziehung,* d. h. zu Wechselwirkungen zwischen Dipolmolekülen. Ein Dipol wirkt umso stärker, je größer sein **Dipolmoment** ist. Das Dipolmoment (μ) ist definiert „als Produkt aus Ladung (Q) und Abstand (d) zwischen den Ladungsschwerpunkten". $\mu = Q \cdot d$.

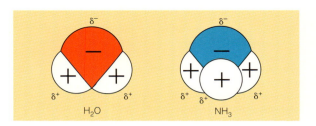

Das Wassermolekül hat ein stärkeres Dipolmoment als das Ammoniakmolekül.
Schmelzpunkt von Wasser 0 °C, Schmelzpunkt von Ammoniak −78 °C

28.3.3 Wasserstoffbrückenbindung

Wasserstoffatome, die mit F, O, N oder Cl verbunden sind, werden stark positiv polarisiert und das mit H verbundene Atom stark negativ polarisiert.
Dadurch entsteht ein Dipol, zusätzlich aber kommt es zu einer Bindung des Wasserstoffatoms mit dem negativ polarisierten Sauerstoffatom eines Nachbarmoleküls (Dipol). Diese Bindung nennt man **Wasserstoffbrückenbindung.** Sie ist für den hohen Siedepunkt des Wassers verantwortlich. H_2S mit wesentlich größerer Molekülmasse hat einen Siedepunkt von −60 °C, weil Wasserstoffbrücken fehlen.

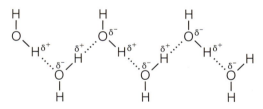

H_2O-Moleküle: Wasserstoffbrückenbindung

28. Bindungslehre *Metallbindung*

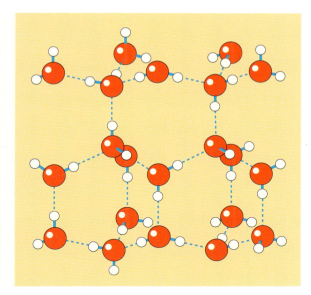

Struktur von Eis

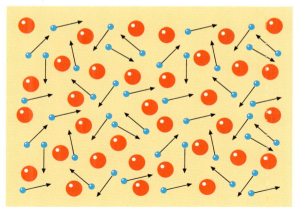

Elektronengasmodell der Metallbindung.
Elektronen (blau) bewegen sich wie ein Gas zwischen den positiv geladenen Atomrümpfen und halten diese zusammen. Die Elektronenbewegung ist ungerichtet

Wasserstoffbrücken sind auch mitverantwortlich für die *Struktur von Eis*.
Im Eis werden die H$_2$O-Moleküle durch Wasserstoffbrücken zusammengehalten. Die dadurch entstehenden Hohlräume erklären, warum die Dichte von Eis kleiner ist als die von Wasser.
In der Natur haben sie besonders bei **lebenswichtigen Molekülen** Bedeutung, z. B. Doppelhelix der Proteine (Seite 106).

28.4 Die Metallbindung

Metallatome besitzen fast immer nur 1 oder 2 Außenelektronen. Mit Ausnahme des Quecksilbers sind Metalle bei Zimmertemperatur Feststoffe. Die Bindung der Metallatome kommt so zustande:

> Metallatome geben ihre Außenelektronen ab und erreichen so eine stabile Edelgasschale. Wegen der Abgabe negativer Ladungsträger erhält der Atomrumpf eine positive Ladung. Die positiv geladenen Atomrümpfe stoßen sich trotz gleicher Ladung nicht ab, weil sie in die vorher von den Metallatomen abgegebenen Elektronen eingebettet sind.

Nach diesem **Elektronengasmodell der Metallbindung** werden die positiv geladenen Atomrümpfe der Metalle durch das negativ geladene Elektronengas zusammengehalten.

Die Atomrümpfe sind an bestimmte Gitterplätze gebunden; sie bilden ein **Metallgitter.** Die abgegebenen Elektronen sind dagegen freibeweglich und bilden das sog. **Elektronengas.** Darauf beruht die elektrische Leitfähigkeit, das Wärmeleitvermögen und der Glanz der Metalle. Weil bei einer Verschiebung der Atomrümpfe der Zusammenhalt durch das Elektronengas erhalten bleibt, sind Metalle verformbar.

Legierungen sind Substanzen mit metallischen Eigenschaften. Sie entstehen beim Zusammenschmelzen von Metallen. Die Eigenschaften von Legierungen unterscheiden sich wesentlich von denen der Metalle, aus denen sie hergestellt wurden.

Beispiele für Legierungen:

Edelstahl: Fe / Cr / Ni
Letternmetall: Pb / Sb / Sn
Bronze: Cu / Sn
Messing: Cu / Zn / Pb
V 2 A-Stahl: Fe / Cr / Ni
Weißgold: Au / Cu / Ni / Ag

29. Regeln zur Formulierung und Bezeichnung einfacher Verbindungen

29.1 Binäre Salze

Binäre Salze bestehen aus zwei verschiedenen Elementen. In der Formel steht das Symbol des positiv geladenen Ions vor dem negativ geladenen Ion. Bei der Bezeichnung wird der Name des positiv geladenen Ions unverändert genannt. Das negativ geladene Ion erhält an die Wortwurzel die Endung **-id.** Die Zahl der einzelnen Ionen kann mit griechischen Zahlwörtern bezeichnet werden. Mit einer römischen Ziffer kann die Ladungszahl des Ions angegeben werden.

Beispiele:

KBr	Kaliumbromid
Mg_3N_2	Magnesiumnitrid
PbO	Blei(II)-oxid, Bleimonooxid
PbO_2	Blei(IV)-oxid, Bleidioxid
$FeCl_3$	Eisen(III)-chlorid, Eisentrichlorid
Ca_3P_2	Calciumphosphid
MnO_2	Mangan(IV)-oxid
PbI_2	Blei(II)-iodid, Bleidiiodid

29.2 Binäre Nichtmetallverbindungen

Bei Nichtmetallverbindungen ist zuerst das Symbol zu schreiben bzw. derjenige Name zu nennen, der in der folgenden Reihe zuerst (links) steht. B, Si, C, Sb, As, P, N, H, S, I, Br, Cl, O, F.

Beispiele:

$SiCl_4$	Siliciumtetrachlorid
HCl	Hydrogenchlorid (Chlorwasserstoff)
CS_2	Kohlenstoffdisulfid (Schwefelkohlenstoff)
Cl_2O	Dichloroxid
OF_2	Sauerstoffdifluorid

29.3 Besondere Namen von Ionen

Einige Ionen haben überlieferte Bezeichnungen, die heute noch im Gebrauch sind.

H_3O^+	Hydronium-Ion
C^{4-}	Carbid-Ion
NH_4^+	Ammonium-Ion
O^{2-}	Oxid-Ion
OH^-	Hydroxid-Ion
H^-	Hydrid-Ion
N^{3-}	Nitrid-Ion
N_3^-	Azid-Ion

Aus mehreren Elementen zusammengesetzte Ionen können in Formeln eingeklammert werden.

Beispiele:

Al_4C_3	Aluminiumcarbid
NH_4Cl	Ammoniumchlorid
$(NH_4)_2CO_3$	Ammoniumcarbonat
NH_4NO_3	Ammoniumnitrat
LiH	Lithiumhydrid
AlN	Aluminiumnitrid
AgN_3	Silberazid
$Pb(N_3)_2$	Bleiazid
BaO	Bariumoxid
$NaOH$	Natriumhydroxid
$Ca(OH)_2$	Calciumhydroxid

Gelegentlich sind für einige der oben formulierten Beispiele noch alte Namen im Gebrauch. Sie geben keinen Hinweis auf die Zusammensetzung dieser Verbindungen.

Beispiele:

Ammoniumchlorid = Salmiak
Calciumhydroxid = gelöschter Kalk
Calciumoxid = gebrannter Kalk.

30. Säure-Base-Reaktionen *Bildung, Arrhenius, Brönsted*

30. Säure-Base-Reaktionen

30.1 Bildung von Säuren und Laugen

Säuren

> Säuren entstehen, wenn sich Nichtmetalloxide mit Wasser verbinden.
>
> **Nichtmetalloxid + Wasser ⟶ Säure**

Der Vorgang hat in der Umwelt besondere Bedeutung, weil so aus Abgasen (SO_2, NO_2) in der Atmosphäre Säuren gebildet werden: **saurer Regen.** Wegen des natürlichen Gehalts an CO_2 in der Luft enthält Regenwasser auch in Reinluftgebieten immer etwas Säure, die Kohlensäure.

Beispiele:

$$CO_2 + H_2O \longrightarrow H_2CO_3$$
Kohlenstoffdioxid   Kohlensäure

$$SO_2 + H_2O \longrightarrow H_2SO_3$$
Schwefeldioxid   schweflige Säure

$$SO_3 + H_2O \longrightarrow H_2SO_4$$
Schwefeltrioxid   Schwefelsäure

$$2\,NO_2 + H_2O \longrightarrow HNO_2 + HNO_3$$
Stickstoffdioxid   salpetrige Säure   Salpetersäure

Laugen

> Laugen entstehen, wenn sich Metalloxide in Wasser lösen.
>
> **Metalloxid + Wasser ⟶ Lauge**

Der Vorgang hat in der Technik z. B. beim Kalklöschen Bedeutung. Dabei wird gebrannter Kalk (Calciumoxid) mit Wasser umgesetzt („gelöscht").

$$CaO + H_2O \longrightarrow Ca(OH)_2$$
Calciumoxid   Calciumhydroxid

Metallhydroxide sind **Ionenverbindungen.** Ihre wäßrigen Lösungen nennt man **Laugen** oder **Hydroxidlösungen.**

Beispiele:

$$Na_2O + H_2O \longrightarrow 2\,NaOH$$
Natriumoxid   Natronlauge

$$K_2O + H_2O \longrightarrow 2\,KOH$$
Kaliumoxid   Kalilauge

$$BaO + H_2O \longrightarrow Ba(OH)_2$$
Bariumoxid   Bariumhydroxid

$$Al_2O_3 + 3\,H_2O \longrightarrow 2\,Al(OH)_3$$
Aluminiumoxid   Aluminiumhydroxid

30.2 Säuren und Basen Theorien nach Arrhenius und Brönsted

30.2.1 Säuren

Nach *Arrhenius* sind Säuren Verbindungen, die in wäßriger Lösung **Wasserstoff-Ionen** und **Säurerest-Ionen** enthalten.

Beispiel für Ionenbildung nach Arrhenius

$$HNO_3 \longrightarrow H^+ + NO_3^-$$
Säure ⟶ Wasserstoff-Ion + Säurerest-Ion

Bezeichnung von Säuren und Säurerest:

Säure	Säurerest
HCl, Salzsäure	Cl^-, Chlorid
HNO_3, Salpetersäure	NO_3^-, Nitrat
H_2SO_4, Schwefelsäure	SO_4^{2-}, Sulfat
H_2SO_3, schweflige Säure	SO_3^{2-}, Sulfit
H_2CO_3, Kohlensäure	CO_3^{2-}, Carbonat
H_3PO_4, Phosphorsäure	PO_4^{3-}, Phosphat
$HClO_2$, chlorige Säure	ClO_2^-, Chlorit
$HClO_3$, Chlorsäure	ClO_3^-, Chlorat
$HClO_4$, Perchlorsäure	ClO_4^-, Perchlorat

30. Säure-Base-Reaktionen Basen, Erkennung

Der Säurerest sauerstofffreier Säuren erhält die Endung **-id.** Bei Sauerstoffsäuren ändert sich die Endung mit steigendem Sauerstoffgehalt von **hypo. .-it** über **. .-at** nach **per. .at.** Nach *Brönsted* und *Lowry* sind Säuren Verbindungen, deren Moleküle **Wasserstoff-Ionen (= Protonen) abspalten** und an ein anderes Molekül oder Ion anlagern:
Säuren = Protonendonatoren.

Vom Säuremolekül wird ein H⁺-Ion abgespalten, dadurch entstehen Ionen, z. B. Cl⁻. Die Ionen werden hydratisiert (S. 53). Das hydratisierte H_3O^+-Ion wird **Hydronium-Ion** genannt.

30.2.2 Basen

Die wäßrigen Lösungen von Basen nennt man **Laugen.** Nach **Arrhenius** sind Basen Verbindungen, deren wäßrige Lösungen **Hydroxid-Ionen** enthalten. Metallhydroxide sind Ionenverbindungen.

NaOH ⟶ Na⁺ + OH⁻
Natriumhydroxid   Hydroxid-Ion
Ca(OH)₂ ⟶ Ca²⁺ + 2 OH⁻
Calciumhydroxid   Hydroxid-Ion

Im Metallhydroxid sind bereits Ionen vorhanden. Sie werden nicht erst gebildet wie bei Säuren. Nach Brönsted sind Basen Moleküle oder Ionen, die **Wasserstoff-Ionen aufnehmen** (anlagern) können, die sie von einem anderen Molekül oder Ion erhalten:
Basen = Protonenakzeptoren.

Das Wassermolekül ist hier eine Säure, das Ammoniakmolekül ist eine Base. Bei den Produkten ist das NH_4^+-Ion eine Säure, das OH^--Ion ist eine Base.
Der Übergang eines Protons von einer Säure auf eine Base wird Protolyse genannt.
Eine Säure kann nur Protonen abgeben, wenn eine Base vorhanden ist.

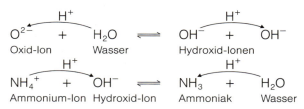

Säure-Base-Paare, die durch Protolyse ineinander übergehen, nennt man **korrespondierende oder konjugierte Säure-Base-Paare,** z. B. NH_4^+ / NH_3; OH^- / O^{2-}.
Eine Säure wird durch **Abgabe** eines Protons (H⁺) zur Base. Eine Base wird durch **Aufnahme** eines Protons zur Säure. Diese gekoppelten Protolyse-Reaktionen werden mit einem Doppelpfeil dargestellt (Näheres S. 73).

30.2.3 Erkennung von Säuren und Basen

Säuren enthalten in wäßriger Lösung H⁺-Ionen bzw. H_3O^+-Ionen. Basen enthalten in wäßriger Lösung OH⁻-Ionen.
Da es Farbstoffe gibt, die mit H⁺ bzw. H_3O^+-Ionen und mit OH⁻-Ionen charakteristische Farbverbindungen bilden, dienen solche Farbstoffe als *Säure-Base-Indikatoren*. In der folgenden Tabelle ist die saure bzw. alkalische Reaktion einiger Indikatoren zusammengestellt.

Säure-Base-Indikatoren

Indikator	sauer	alkalisch
Lackmus	rot	blau
Phenolphthalein	farblos	rot
Bromthymolblau	gelb	blau
Methylorange	rot	gelb
Nitrophenol	farblos	gelb
Bromphenolrot	gelb	rot
Neutralrot	rot	gelb

30. Säure-Base-Reaktionen *Lösen, Neutralisation*

30.3 Beispiele für Säure-Base-Reaktionen nach Arrhenius und nach Brönsted beim Lösen in Wasser

Nach *Arrhenius* bilden sich beim Lösen von Säuren und Basen in Wasser durch **Dissoziation** Ionen.

Nach *Brönsted* laufen Säure-Base Reaktionen immer gleichzeitig ab. Ein **Wasserstoff-Ion** wird von einem Teilchen (Säure) **abgegeben** und von einem anderen Teilchen (Base) **aufgenommen.**

Arrhenius: $HNO_3 \longrightarrow NO_3^- + H^+$
Salpetersäure   Nitrat-Ion

Brönsted: $HNO_3 + H_2O \rightleftharpoons NO_3^- + H_3O^+$

Arrhenius: $HBr \longrightarrow Br^- + H^+$
Bromwasserstoffsäure   Bromid-Ion

Brönsted: $HBr + H_2O \rightleftharpoons Br^- + H_3O^+$

Arrhenius: $H_2CO_3 \longrightarrow CO_3^{2-} + 2H^+$
Kohlensäure   Carbonat-Ion

Brönsted: $H_2CO_3 + 2H_2O \rightleftharpoons CO_3^{2-} + 2H_3O^+$

Säuremoleküle, die mehr als ein H^+-Ion abspalten können, geben diese **schrittweise** ab. So entstehen verschiedene Säurerest-Ionen.

Arrhenius: $H_2SO_4 \longrightarrow H^+ + HSO_4^-$
Schwefelsäure   Hydrogensulfat-Ion
$HSO_4^- \longrightarrow H^+ + SO_4^{2-}$
             Sulfat-Ion

Brönsted: $H_2SO_4 + H_2O \rightleftharpoons H_3O^+ + HSO_4^-$
$HSO_4^- + H_2O \rightleftharpoons H_3O^+ + SO_4^{2-}$

Arrhenius: $H_3PO_4 \longrightarrow H^+ + H_2PO_4^-$
Phosphorsäure   Dihydrogen-phosphat-Ion

Brönsted: $H_3PO_4 + H_2O \rightleftharpoons H_2PO_4^- + H_3O^+$

Arrhenius: $H_2PO_4^- \longrightarrow H^+ + HPO_4^{2-}$
             Hydrogen-phosphat-Ion

Brönsted: $H_2PO_4^- + H_2O \rightleftharpoons HPO_4^{2-} + H_3O^+$

Arrhenius: $HPO_4^{2-} \longrightarrow H^+ + PO_4^{3-}$
             Phosphat-Ion

Brönsted: $HPO_4^{2-} + H_2O \rightleftharpoons PO_4^{3-} + H_3O^+$

Metallhydroxide zerfallen nach *Arrhenius* in Metall-Ionen und Hydroxid-Ionen:

$KOH \longrightarrow K^+ + OH^-$
Kaliumhydroxid   Kalilauge

$Ca(OH)_2 \longrightarrow Ca^{2+} + 2OH^-$
Calciumhydroxid   Calciumlauge

$Al(OH)_3 \longrightarrow Al^{3+} + 3OH^-$
Aluminiumhydroxid   Aluminiumlauge

Nach *Brönsted* wirken die Hydroxid-Ionen als Basen.

Das Wassermolekül gehört zu den **Ampholyten,** weil es sowohl Protonen abgeben als auch aufnehmen kann (S. 60).

30.4 Eigenschaften von Säuren und Basen

> Nach *Arrhenius* vereinigen sich bei Reaktionen von Säuren und Basen die H^+-Ionen der Säure mit OH^--Ionen der Lauge zu Wasser
> **$H^+ + OH^- \longrightarrow H_2O$**
> Dadurch wird die Wirkung von Säuren und Laugen aufgehoben.
> Der Vorgang wird **Neutralisation** genannt.

Beispiele:

$NaOH + HCl \longrightarrow NaCl + H_2O$
             Natriumchlorid

$Ca(OH)_2 + 2HCl \longrightarrow CaCl_2 + 2H_2O$
             Calciumchlorid

$Ba(OH)_2 + H_2SO_4 \longrightarrow BaSO_4 + 2H_2O$
             Bariumsulfat

$Al(OH)_3 + 3HNO_3 \longrightarrow Al(NO_3)_3 + 3H_2O$
             Aluminiumnitrat

30. Säure-Base-Reaktionen *Neutralisation*

Nach *Brönsted* gibt bei der Neutralisation das Hydronium-Ion (Säure) ein Proton an das Hydroxid-Ion (Base) ab. Der Vorgang ist eine Säure-Base-Reaktion: **Protolyse.**

$$H_3O^+ + OH^- \longrightarrow 2\,H_2O$$
Säure　　Base

Das H_3O^+-Ion selbst ist eine Säure, weil es ein Proton abgibt.
Das OH^--Ion der Hydroxide ist eine Base, weil es ein Proton aufnimmt.
Nach *Brönsted* ist also nicht das Metallhydroxid eine Base, sondern dessen OH^--Ion.

Beispiele:

$$Na^+ + OH^- \overset{H^+}{\frown} H_3O^+ + Cl^-$$
$$\longrightarrow Na^+ + Cl^- + 2\,H_2O$$

$$Ca^{2+} + 2\,OH^- \overset{2\,H^+}{\frown} 2\,H_3O^+ + 2\,Cl^-$$
$$\longrightarrow Ca^{2+} + 2\,Cl^- + 4\,H_2O$$

$$Ca^{2+} + 2\,OH^- \overset{2\,H^+}{\frown} 2\,H_3O^+ + SO_4^{2-}$$
$$\longrightarrow Ca^{2+} + SO_4^{2-} + 4\,H_2O$$

$$K^+ + OH^- \overset{H^+}{\frown} H_3O^+ + NO_3^-$$
$$\longrightarrow K^+ + NO_3^- + 2\,H_2O$$

$$3\,Na^+ + 3\,OH^- \overset{3\,H^+}{\frown} 3\,H_3O^+ + PO_4^{3-}$$
$$\longrightarrow 3\,Na^+ + PO_4^{3-} + 6\,H_2O$$

$$3\,Ca^{2+} + 6\,OH^- \overset{6\,H^+}{\frown} 6\,H_3O^+ + 2\,PO_4^{3-}$$
$$\longrightarrow 3\,Ca^{2+} + 2\,PO_4^{3-} + 12\,H_2O$$

Es ist zu beachten, daß die Zahl der H_3O^+-Ionen gleich der der OH^--Ionen sein muß, damit eine **Neutralisation** eintritt.
Wesentlich für den Neutralisationsvorgang ist immer die Bildung von Wasser durch Reaktion von OH^--Ionen mit H^+-Ionen bzw. H_3O^+-Ionen. Die Metall-Ionen bilden mit den Säurerest-Ionen ein Salz.

30.5 Regeln zum Aufstellen einer Neutralisationsgleichung und für die Bezeichnung von Salzen

Neutralisationsgleichungen werden aufgestellt, um zu ermitteln, welches Salz entsteht oder um den Stoffumsatz zu berechnen. Für beide Zwecke genügt die Formulierung mit Summenformeln, wie sie beim vorigen Beispiel nach *Arrhenius* angewandt wurden. Dabei ist folgendermaßen vorzugehen:

30.5.1 Regeln für schrittweises Aufstellen einer Neutralisationsgleichung

Schritte

1. Säure und Hydroxid anschreiben
2. Zahl der Wasserstoff-Ionen und Hydroxid-Ionen in Übereinstimmung bringen
3. Zahl der Hydroxid-Ionen entspricht jetzt Zahl der entstehenden H_2O-Moleküle
4. Metall-Ionen + Säurerest-Ionen ergeben das entstandene Salz
5. Neutralisationsgleichung aufschreiben

Beispiel:

1. $HCl + Ca(OH)_2 \longrightarrow$
2. $2\,HCl + Ca(OH)_2 \longrightarrow$
3. $\longrightarrow 2\,H_2O$
4. $\longrightarrow 2\,H_2O + CaCl_2$
5. $2\,HCl + Ca(OH)_2 \longrightarrow 2\,H_2O + CaCl_2$

30.5.2 Regeln zur Bezeichnung von Salzen

1. Zuerst wird das Metall des Hydroxids genannt.
2. Daran hängt man die Bezeichnung des Säurerests; **-id** bei sauerstofffreien Säuren.
3. Der sauerstoffärmere Säurerest erhält die Endung **-it,** der sauerstoffreichere die Endung **-at.**
4. Den Wasserstoff am Säurerest bezeichnet man mit **-hydrogen-.**

30. Säure-Base-Reaktionen *Metalle, Oxide, Carbonate*

Beispiele:

$PbBr_2$	Bleibromid, Blei(II)-bromid
$NaNO_2$	Natriumnitrit
KNO_3	Kaliumnitrat
Na_2CO_3	Natriumcarbonat
$Ca(HCO_3)_2$	Calciumhydrogencarbonat
$Ba_3(PO_4)_2$	Bariumphosphat

30.6 Reaktionen mit Metallen, Oxiden, Carbonaten

30.6.1 Reaktion von Säuren mit Metallen

> Viele Metalle reagieren mit wäßrigen Säure-
> lösungen unter Wasserstoffentwicklung und
> Bildung eines Salzes.
>
> **Metall + Säure ⟶ Salz + Wasserstoff**
>
> Metalle, die diese Reaktion eingehen, sind
> **unedle Metalle.** Sie können damit von Edel-
> metallen unterschieden werden.

Beispiele:

$$Mg + 2\,HCl \longrightarrow MgCl_2 + H_2$$
Magnesiumchlorid

$$Zn + H_2SO_4 \longrightarrow ZnSO_4 + H_2$$
Zinksulfat

30.6.2 Reaktion von Säuren mit Metalloxiden

> Bei der Reaktion von Metalloxiden mit wäßri-
> gen Säurelösungen entstehen Salzlösungen.
>
> **Metalloxid + Säure ⟶ Salz + Wasser**
>
> Die Reaktion spielt eine Rolle im Umwelt-
> schutz bei der Neutralisation von Säuren im
> Boden und in Abgasen. So reagieren Oxide
> von unedlen Metallen *und* Edelmetallen.

Beispiele:

$$CuO + 2\,HCl \longrightarrow CuCl_2 + H_2O$$
Kupfer(II)-chlorid

$$CaO + H_2SO_4 \longrightarrow CaSO_4 + H_2O$$
Calciumsulfat

3.6.3 Entstehung der Wasserhärte

Kohlensäure des Bodens reagiert mit Calciumcarbonat zu löslichem Calciumhydrogencarbonat.

$$CaCO_3 + H_2CO_3 \rightleftharpoons Ca(HCO_3)_2$$

Auch Magnesiumcarbonat wird so gelöst. Die
gelösten Salze gelangen in das Grundwasser,
das außerdem noch Sulfate, vor allem Calciumsulfat, enthält. Die Hydrogencarbonate verursachen die sog. **temporäre Härte.** Sie fallen beim
Erhitzen aus. Weil damit beim Kochen Härte-
bildner verschwinden, nennt man die auf ihnen
beruhende Härte **temporäre (= vorüberge-
hende) Härte.** Die Sulfate verschwinden dabei
nicht. Sie sind die Ursache der **permanenten
(= bleibenden) Härte.** Das Trinkwasser wird in
Härtegrade oder **Härtebereiche** eingeteilt.

Einteilung des Wassers nach Härtegraden und
Härtebereichen

Härtegrad	Härtebereich
0 – 7	1 = weich
7 – 14	2 = mittel
14 – 21	3 = hart
>21	4 = sehr hart

30.6.4 Reaktion von Laugen mit Nichtmetalloxiden

> Nichtmetalloxide reagieren mit Laugen unter
> Bildung von Salzlösungen.
>
> **Nichtmetalloxid + Lauge ⟶ Salz + Wasser**
>
> Der Vorgang spielt eine Rolle zur Absorption
> von Nichtmetalloxiden, z.B. in Abgasen.

Beispiele:

$$SO_2 + 2\,NaOH \longrightarrow Na_2SO_3 + H_2O$$
Natriumsulfit

$$SO_2 + Ca(OH)_2 \longrightarrow CaSO_3 + H_2O$$
Calciumsulfit

63

30. Säure-Base-Reaktionen *pH-Wert, Titration*

30.7 Der pH-Wert

> Der pH-Wert ist ein Maß für die Konzentration von H⁺-Ionen (nach *Brönsted* **H₃O⁺**-Ionen) in einer wässerigen Lösung.

Er wird angegeben als negativer dekadischer Logarithmus des Zahlenwertes der H⁺-Konzentration. Diese wird als Stoffmengenkonzentration (mol/l) angegeben (Seite 35).

Autoprotolyse des Wassers:

Das Wassermolekül zerfällt freiwillig in geringem Maße in Ionen; man nennt dies Autoprotolyse.

$H_2O \longrightarrow H^+ + OH^-$ bzw. $2 H_2O \longrightarrow H_3O^+ + OH^-$

Bei 25 °C beträgt die Konzentration der H⁺-Ionen und der OH⁻-Ionen

$c(H^+) = 10^{-7}$ mol/l; $c(OH^-) = 10^{-7}$ mol/l.

Der pH-Wert als negativer dekadischer Logarithmus dieses Zahlenwertes ist also 7; entsprechend ist der pOH-Wert für die OH⁻-Konzentration auch 7.
Das Ionenprodukt von $c(H^+)$ und $c(OH^-)$ ist das Ionenprodukt des Wassers (K_W):

$K_W = c(H^+) \cdot c(OH^-)$

$K_W = 10^{-7}$ mol/l · 10^{-7} mol/l = 10^{-14} mol²/l²

Es ist in wässeriger Lösung konstant. Folglich ist:

$pK_w = pH^+ + pOH^-$

$pK_w = 7 + 7 = 14$

	Sauer	Neutral	Alkalisch
	$c(H^+) > c(OH^-)$	$c(H^+) = c(OH^-)$	$c(H^+) < c(OH^-)$
	pH < 7	pH = 7	pH > 7

0 1 2 3 4 5 6 7 8 9 10 11 12 13 14

Zu beachten ist, daß sich die pH-Skala in Zehnerpotenzen ändert. 10^0 mol/l = 1 mol/l.

Es gibt Indikatoren (Kap. 30.2.3, S. 60), die bei einem bestimmten pH-Wert eine charakteristische Farbe annehmen. Ein „Universalindikator" enthält mehrere derartige Farbstoffe. Deshalb kann damit ein bestimmter pH-Wert festgestellt werden. Zur genauen Bestimmung des pH-Wertes gibt es verschiedene Verfahren, z. B. die elektrometrische Messung mit der Wasserstoffelektrode (Kap. 31.4, S. 69).

30.8 Säure-Base-Titration

Bei der Neutralisation von Säure und Base verbindet sich je ein H₃O⁺-Ion mit einem OH⁻-Ion. Mit einer Säure bekannter Konzentration kann der Gehalt an OH⁻-Ionen bestimmt werden. Dies geschieht bei der **Säure-Base-Titration,** ein Beispiel für eine **Maßanalyse.** Beim Versetzen von Säure mit Lauge ändert sich der pH-Wert. Dies kann graphisch in einer Titrationskurve festgehalten werden.

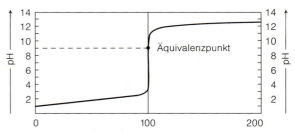

Titration starker Säure mit starker Base

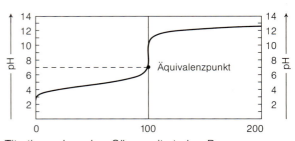

Titration schwacher Säure mit starker Base

Beim **Äquivalenzpunkt** ist die Menge der umgesetzten H₃O⁺-Ionen und OH⁻-Ionen gleich (= äquivalent). Bei der Titration starker Säuren und starker Basen (S. 74) entspricht der Äquivalenzpunkt dem Neutralpunkt (pH = 7), bei starker Säure/schwache Base gilt pH < 7 und bei schwacher Säure/starke Base pH > 7.

64

31. Oxidation, Reduktion, Redoxreaktion

31.1 Oxidation und Reduktion

Wenn Stoffe an Luft **verbrennen,** verbinden sie sich mit Sauerstoff und bilden **Oxide.** Gleichzeitig wird Energie frei, die **Verbrennungswärme.** Es handelt sich dabei um einen chemischen Vorgang (S. 19).

Beispiele:

$$2\,Mg + O_2 \longrightarrow 2\,MgO$$
Magnesiumoxid

$$4\,Al + 3\,O_2 \longrightarrow 2\,Al_2O_3$$
Aluminiumoxid

Er verläuft exotherm. Damit er in Gang kommt, muß der Stoff gezündet werden, d. h. **Aktivierungsenergie** zugeführt werden (Seite 19). Viele Stoffe verbrennen auch in Chlor zu einem Chlorid oder verbinden sich unter Feuererscheinung mit Schwefel zu einem Sulfid.

Beispiele:

$$2\,Na + Cl_2 \longrightarrow 2\,NaCl$$
Natriumchlorid

$$Fe + S \longrightarrow FeS$$
Eisensulfid

Diese Vorgänge laufen alle nach einem einheitlichen Schema ab: Die Metallatome geben Elektronen ab und bilden positiv geladene Ionen. Die Atome der Reaktionspartner nehmen Elektronen auf und bilden negativ geladene Ionen.

Beispiele:

$$2\,Mg \longrightarrow 2\,Mg^{2+} + 4\,e^-$$

$$O_2 + 4\,e^- \longrightarrow 2\,O^{2-}$$

$$2\,Mg + O_2 \longrightarrow 2\,Mg^{2+}O^{2-}$$

> Der Vorgang der **Elektronenabgabe** ist eine **Oxidation.**
> Der Vorgang der **Elektronenaufnahme** ist eine **Reduktion.**

Oxidation und Reduktion sind gekoppelte Vorgänge, da sie immer gleichzeitig ablaufen müssen. Man spricht von einer **Redoxreaktion.** Dabei wird ein Atom oxidiert, weil es Elektronen abgibt; das andere Atom wird reduziert, weil es Elektronen aufnimmt.

> Stoffe, die Elektronen abgeben, sind **Reduktionsmittel.**
> Stoffe, die Elektronen aufnehmen, sind **Oxidationsmittel.**

Beispiele:

$$Na\cdot \xrightarrow{e^-} \,\, + \,\, :\!\overset{..}{\underset{..}{Cl}}\!: \longrightarrow Na^+ \,\, + :\!\overset{..}{\underset{..}{Cl}}\!:^-$$

$$Mg\!:\xrightarrow{2\,e^-}\,\, \overset{..}{\underset{..}{O}}\!: \longrightarrow Mg^{2+} + :\!\overset{..}{\underset{..}{O}}\!:^{2-}$$

Reduktions-mittel   Oxidations-mittel

> Es ist zu beachten:
> Das **Reduktionsmittel** wird **oxidiert,** weil es Elektronen abgibt.
> Das **Oxidationsmittel** wird **reduziert,** weil es Elektronen aufnimmt.

31.2 Die Oxidationszahl
(Kein Lehrstoff der Realschule)

Redoxreaktionen laufen auch zwischen Nichtmetallen ab. Dabei entstehen keine Ionen. Um einen solchen Vorgang als Redoxreaktion darstellen zu können, hat man den Begriff **Oxidationszahl** eingeführt. Bei binären Ionenverbindungen ist diese gleich der Ladungszahl der betreffenden Ionen.

Beispiele:

$$H_2 + Cl_2 \longrightarrow 2\,HCl$$
$$C + O_2 \longrightarrow CO_2$$

31. Redoxreaktionen *Oxidationszahl*

Die Oxidationszahl wird mit einer römischen Ziffer über das Atomsymbol geschrieben. Bei der Benennung kann sie in Klammer hinter das Symbol gesetzt werden.

Beispiel:

$\overset{+II}{Pb}Cl_2$ oder $Pb(II)Cl_2$
Blei(II)-chlorid

$\overset{+I}{Na}\overset{-I}{Cl}$; $\overset{+II}{Mg}\overset{-I}{Cl_2}$

Bei Verbindungen mit Atombindung werden diese gedanklich als Ionenverbindungen aufgefaßt. Die bindenden Elektronenpaare werden dem Atom mit der größeren Elektronegativität zugeteilt.

$H \blacktriangleleft \overset{..}{\underset{..}{Cl}}:$; $\overset{+I}{H}:\overset{-I}{\underset{..}{Cl}}$

$H \blacktriangleleft \overset{..}{\underset{..}{O}} \blacktriangleright H$; $\overset{+I}{H}:\overset{-II}{\underset{..}{O}}:\overset{+I}{H}$

$:\overset{..}{\underset{..}{O}} \blacktriangleright C \blacktriangleleft \overset{..}{\underset{..}{O}}:$; $\overset{-II}{O}=\overset{+IV}{C}=\overset{-II}{O}$

$H \blacktriangleleft \overset{..}{N} \blacktriangleright H$; $\overset{+I}{H}:\overset{-III}{N}:\overset{+I}{H}$
$\quad \blacktriangledown$ $\qquad$ H
$\quad$ H $\qquad$ +I

31.2.1 Regeln zur Bestimmung der Oxidationszahl

1. Die Oxidationszahl der Atome von Elementen ist immer Null.
$\overset{0}{H_2}$; $\overset{0}{Br_2}$

2. Bei binären Ionenverbindungen entspricht die Oxidationszahl den Ladungszahlen.
$\overset{+III}{Fe}\overset{-I}{Cl_3}$; $\overset{+III}{Al_2}\overset{-II}{O_3}$

3. Fluor hat immer die Oxidationszahl −I.
$\overset{+II}{O}\overset{-I}{F_2}$

4. Wasserstoff hat fast immer die Oxidationszahl +I. Ausnahme: Metallhydride.
$\overset{+I}{H}\overset{-I}{Cl}$; $\overset{-IV}{C}\overset{+I}{H_4}$
$\overset{+I}{Li}\overset{-I}{H}$

5. Sauerstoff hat fast immer die Oxidationszahl −II, Ausnahme: H_2O_2.
$\overset{+I}{H_2}\overset{-II}{O}$; $\overset{+I}{H_2}\overset{-I}{O_2}$

6. Die Summe der Oxidationszahlen in einem Molekül ist gleich Null.
$\overset{-IV}{C}\overset{+I}{H_4}$; $-IV + 4 \cdot +I = 0$

7. Die Summe der Oxidationszahlen in einem Ion ist gleich der Ladungszahl des Ions.
$\overset{+V}{N}\overset{-II}{O_3^-}$; $+V + 3 \cdot -II = -1$

31.2.2 Redoxreaktionen

Beim Aufstellen von Redoxgleichungen ist die Anwendung von Oxidationszahlen hilfreich.

$\overset{0}{Mg} + \overset{0}{Cl_2} \longrightarrow \overset{+II}{Mg}\overset{-I}{Cl_2}$

Die Oxidationszahl von Magnesium steigt von 0 auf +II.
Die Oxidationszahl von Chlor sinkt von 0 auf −I.

Oxidation: $\overset{0}{Mg} \longrightarrow \overset{+II}{Mg}^{2+} + 2\,e^-$

Reduktion: $\overset{0}{Cl_2} + 2\,e^- \longrightarrow 2\,\overset{-I}{Cl}^-$

> Die Differenz der Oxidationszahlen von Atomen, die an einem Redoxvorgang beteiligt sind, entspricht der Zahl der abgegebenen Elektronen (= Oxidation) bzw. der Zahl der aufgenommenen Elektronen (Reduktion).

> Eine Redoxgleichung ist dann richtig formuliert, wenn die Zahl der **abgegebenen** Elektronen gleich der Zahl der **aufgenommenen** Elektronen ist.

Deshalb muß festgestellt werden, bei welchen Atomen sich die Oxidationszahl ändert. Durch Einsetzen von Koeffizienten wird die Redoxgleichung richtig gestellt.

31. Redoxreaktionen *Redoxgleichungen*

Zunahme der Oxidationszahl: Oxidation

Abnahme der Oxidationszahl: Reduktion

$$\overset{0}{Fe} + \overset{0}{S} \longrightarrow \overset{+II\ -II}{FeS}$$
$$2\,\overset{0}{Na} + \overset{0}{S} \longrightarrow \overset{+I\ -II}{Na_2S}$$
$$2\,\overset{0}{Al} + 3\,\overset{0}{S} \longrightarrow \overset{+III\ -II}{Al_2S_3}$$
$$2\,\overset{-I}{KBr} + \overset{0}{Cl_2} \longrightarrow 2\,\overset{-I}{KCl} + \overset{0}{Br_2}$$

Die Oxidationszahl wird **nicht berücksichtigt,** wenn sie sich **nicht ändert.**

Im vorigen Beispiel war das Kalium immer +I.

$$\overset{0}{Fe} + 2\,\overset{+I}{HCl} \longrightarrow \overset{+II}{FeCl_2} + \overset{0}{H_2}$$

Hier bleibt Cl unberücksichtigt.

$$2\,\overset{0}{Mg} + \overset{+IV}{CO_2} \longrightarrow 2\,\overset{+II}{MgO} + \overset{0}{C}$$

Hier bleibt O unberücksichtigt.

31.2.3 Regeln zum Aufstellen einer Redoxgleichung

1. Notieren der Ausgangsstoffe und Reaktionsprodukte
2. Bestimmen der Oxidationszahlen
3. Formulierung der Teilreaktionen
   Oxidation: Erhöhung der Oxidationszahl
   Reduktion: Abnahme der Oxidationszahl
4. Zahl der abgegebenen und aufgenommenen Elektronen durch Multiplikation in Übereinstimmung bringen
5. Addition der beiden Teilgleichungen von 4 ergibt die vollständige Redoxgleichung

1. $Mg + CO_2 \longrightarrow MgO + C$
2. $\overset{0}{Mg} + \overset{+IV}{CO_2} \longrightarrow \overset{+II}{MgO} + \overset{0}{C}$
3. $\overset{0}{Mg} + <O> \longrightarrow \overset{+II}{MgO} + 2\,e^-$
   $\overset{+IV}{CO_2} + 4\,e^- \longrightarrow \overset{0}{C} + 2<O>$
4. $Mg + <O> \longrightarrow MgO + 2\,e^- \quad |\cdot 2$
   $CO_2 + 4\,e^- \longrightarrow C + 2<O> \quad |\cdot 1$
5. $2\,Mg + CO_2 \longrightarrow 2\,MgO + C$

Die in < > gesetzten Atome erfahren keine Änderung der Oxidationszahlen.

In vereinfachter Weise kann die Änderung der Oxidationszahlen (= Redoxvorgang) auch folgendermaßen dargestellt werden:

$$\overset{\overbrace{\qquad -2\,e^- \qquad}}{2\,\overset{0}{Mg} + \underset{\underbrace{\qquad +4\,e^- \qquad}}{\overset{+IV}{CO_2}}} \quad 2\,\overset{+II}{MgO} + \overset{0}{C}$$

So ist schnell zu erkennen, wie ein Ausgleich der Elektronenbilanz erreicht werden kann. Nicht immer gelingt die Aufstellung einer Redoxgleichung so einfach wie in den vorigen Beispielen. Häufig werden Redoxreaktionen mit Ionengleichungen beschrieben. Dabei muß beachtet werden:

> Die Summe aller Ionenladungen ist auf beiden Seiten des Reaktionspfeiles gleich.

Werden bei Salzen oder Säuren die Summenformeln verlangt, kann dies nach dem Aufstellen der Ionengleichung durch Einsetzen der entsprechenden Ionen erreicht werden (Stoffbilanz: *kein Atom darf verlorengehen*).

Beispiel:

Oxidation von Kupfer mit Salpetersäure

$$Cu + H^+ + NO_3^- \longrightarrow Cu^{2+} + NO + H_2O$$

Oxidation: $\overset{0}{Cu} \longrightarrow \overset{+II}{Cu}{}^{2+} + 2\,e^- \quad |\cdot 3$

Reduktion: $4\,H^+ + \overset{+V}{NO_3^-} + 3\,e^- \longrightarrow$
$$\overset{+II}{NO} + 2\,H_2O \quad |\cdot 2$$

Redoxreaktion:

$$\underbrace{3\,Cu + 2\,NO_3^- + 8\,H^+}_{\text{6 positive Ladungen}} \longrightarrow \underbrace{3\,Cu^{2+} + 2\,NO + 4\,H_2O}_{\text{6 positive Ladungen}}$$

Stoffbilanz:

$$3\,Cu + 8\,HNO_3 \longrightarrow 3\,Cu(NO_3)_2 + 2\,NO + 4\,H_2O$$

Das Beispiel zeigt, daß nur ein Teil der NO_3^--Ionen zu Stickstoffmonooxid (NO) reduziert wird. Die Stoffbilanz macht dies deutlich.

31. Redoxreaktionen *Elektrolyse*

Beispiel:

Darstellung von Chlor

$$Cl^- + MnO_4^- + H^+ \longrightarrow Cl_2 + Mn^{2+} + H_2O$$

Oxidation: $2\,\overset{-I}{Cl^-} \longrightarrow \overset{0}{Cl_2} + 2\,e^- \quad |\cdot 5$

Reduktion: $\overset{+VII}{MnO_4^-} + 8\,H^+ + 5\,e^- \longrightarrow \overset{+II}{Mn^{2+}} + 4\,H_2O \quad |\cdot 2$

Redoxreaktion:

$$10\,Cl^- + 2\,MnO_4^- + 16\,H^+ \longrightarrow 5\,Cl_2 + 2\,Mn^{2+} + 8\,H_2O$$

Stoffbilanz:

$$10\,KCl + 2\,KMnO_4 + 8\,H_2SO_4 \longrightarrow 5\,Cl_2 + 2\,MnSO_4 + 8\,H_2O + 6\,K_2SO_4$$

Beispiel:

Kaliumpermanganat als Oxidationsmittel für Fe^{2+}-Ionen

$$+5\,e^-$$

$$10\,\overset{+II}{Fe}SO_4 + 2\,\overset{+VII}{K}MnO_4 + 8\,H_2SO_4 \longrightarrow 5\,\overset{+III}{Fe_2}(SO_4)_3 + 2\,\overset{+II}{Mn}SO_4 + 8\,H_2O + K_2SO_4$$

$$-1\,e^-$$

Auch hier wird durch Koeffizienten die Zahl der abgegebenen und aufgenommenen Elektronen (e^-) in Übereinstimmung gebracht.

31.3 Elektrolyse

> Die Zersetzung einer Verbindung durch den elektrischen Strom nennt man Elektrolyse.

Dabei werden Ionen an den Elektroden (*Anode:* Plus-Pol, *Kathode:* Minus-Pol) entladen. An der *Kathode* nehmen die *positiv geladenen* Ionen *(Kationen)* Elektronen auf, an der *Anode* geben die *negativ geladenen* Ionen *(Anionen)* Elektronen ab.

Die Elektrolyse hat technische Bedeutung, z.B. bei der **Herstellung von Chlor** aus Salzsäure oder Kochsalz, oder bei der Produktion von Aluminium durch **Schmelzflußelektrolyse** von Aluminiumoxid.

Chlorherstellung aus Salzsäure:

Kathode: $2\,H^+ + 2\,e^- \longrightarrow H_2$

Anode: $\quad 2\,Cl^- \qquad \longrightarrow Cl_2 + 2\,e^-$

Schmelzflußelektrolyse von Al_2O_3:

Kathode: $4\,Al^{3+} + 12\,e^- \longrightarrow 4\,Al$

Anode: $\quad 6\,O^{2-} \qquad \longrightarrow 6\,{<}O{>} + 12\,e^-$

Mit Hilfe der Elektrolyse können Metalle verkupfert, versilbert, vergoldet, verchromt, vernickelt werden. Diese Methode der Metallabscheidung nennt man **Galvanisierung.** Der Gegenstand muß dabei an die Kathode angeschlossen werden und in ein sog. Galvanisierbad getaucht werden. Dieses enthält die entsprechenden Kationen.

Vernickeln durch Galvanisieren:

Kathode: $Ni^{2+} + 2\,e^- \longrightarrow Ni$

31. Redoxreaktionen *Galvanische Elemente*

31.4 Galvanische Elemente

Metallatome haben ein unterschiedliches Bestreben, Elektronen abzugeben und Ionen zu bilden. Weil sie dabei in Lösung gehen, spricht man von einer **Lösungstendenz** oder einem **Lösungsdruck.**

$$Zn \xrightleftharpoons[\text{Reduktion}]{\text{Oxidation}} Zn^{2+} + 2e^-$$

$$Ag \xrightleftharpoons[\text{Reduktion}]{\text{Oxidation}} Ag^+ + e^-$$

Lösungsdruck: $Zn > Fe > Cu > Ag > Au$

Andererseits haben Metallionen ein charakteristisches Bestreben, Elektronen aufzunehmen und dabei Atome zu bilden. Metallatome bilden mit ihren Ionen **Redoxpaare.**

Redoxpaare:

Zn/Zn^{2+}; Cu/Cu^{2+}; Ag/Ag^+

Man kann zwei Redoxpaare so verbinden, daß ein geschlossener Stromkreis entsteht. Dann fließt vom Metall mit dem größeren Elektronendruck ein Strom *(Elektronen)* zum anderen Metall. In der Lösung wird der Strom durch Ionen transportiert, so daß der Stromkreis geschlossen ist.
Die unterschiedliche Tendenz, Elektronen abzugeben, erzeugt zwischen Redoxpaaren eine Potentialdifferenz, die als **Spannung** gemessen werden kann. Jedes Redoxpaar bildet eine sog. **Halbzelle.** Zwei Halbzellen bilden ein **galvanisches Element.**

Mißt man die Spannung einer Halbzelle gegen eine Platinelektrode, die von Wasserstoff (Druck: 1013 mbar) umspült wird und in eine Säure der Konzentration $c(H^+) = 1$ mol/l taucht *(Normalwasserstoffelektrode)*, so erhält man das **Normalpotential** des betreffenden Redoxpaares, dessen Lösung auch die Konzentration 1 mol/l besitzt. In der sog. **Spannungsreihe** sind Redoxpaare nach ihren Normalpotentialen geordnet. Sie enthält nicht nur Metalle.
In der Spannungsreihe trennt der Wasserstoff die unedlen Metalle von den Edelmetallen.

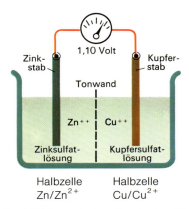

Das *Daniell Element,* ein galvanisches Element

Nach der Spannungsreihe ist *Fluor* das stärkste Oxidationsmittel. Starke Reduktionsmittel sind dagegen Alkali- und Erdalkalimetalle.

Spannungsreihe, Normalpotentiale ε_0

Reduktions-mittel	⇌ Oxidations-mittel	$+ e^-$	ε_0 (Volt)
K	⇌ K^+	$+ e^-$	$-2{,}92$
Ca	⇌ Ca^{2+}	$+ 2e^-$	$-2{,}87$
Na	⇌ Na^+	$+ e^-$	$-2{,}71$
Mg	⇌ Mg^{2+}	$+ 2e^-$	$-2{,}37$
Al	⇌ Al^{3+}	$+ 3e^-$	$-1{,}67$
$H_2 + 2OH^-$	⇌ $2H_2O$	$+ 2e^-$	$-0{,}83$
Zn	⇌ Zn^{2+}	$+ 2e^-$	$-0{,}76$
S^{2-}	⇌ S	$+ 2e^-$	$-0{,}50$
Fe	⇌ Fe^{2+}	$+ 2e^-$	$-0{,}44$
Pb	⇌ Pb^{2+}	$+ 2e^-$	$-0{,}13$
H_2	⇌ $2H^+$	$+ 2e^-$	$0{,}0$
Cu	⇌ Cu^{2+}	$+ 2e^-$	$+0{,}34$
$4OH^-$	⇌ $O_2 + 2H_2O$	$+ 4e^-$	$+0{,}40$
$2I^-$	⇌ I_2	$+ 2e^-$	$+0{,}53$
Fe^{2+}	⇌ Fe^{3+}	$+ e^-$	$+0{,}77$
Ag	⇌ Ag^+	$+ e^-$	$+0{,}80$
$2Br^-$	⇌ Br_2	$+ 2e^-$	$+1{,}06$
$2H_2O$	⇌ $O_2 + 4H^+$	$+ 4e^-$	$+1{,}23$
$2Cl^-$	⇌ Cl_2	$+ 2e^-$	$+1{,}39$
$Mn^{2+} + 4H_2O$	⇌ MnO_4^-	$+ 8H^+ + 5e^-$	$+1{,}52$
$2F^-$	⇌ F_2	$+ 2e^-$	$+2{,}85$

Von der Spannungsreihe kann die Fähigkeit eines Teilchens zur Oxidation bzw. zur Reduktion abgelesen werden.

31. Redoxreaktionen *Elektrochemische Korrosion*

31.5 Elektrochemische Korrosion

> Unter elektrochemischer Korrosion versteht man die Redoxreaktion eines Metalles mit seiner Umgebung, die zu einer Zerstörung des Metalls führt.

Berühren sich zwei verschiedene Metalle, und sind sie von einer Salz- oder Säurelösung umgeben, so fließen Elektronen vom unedleren Metall zum edleren Metall. Die Folge ist eine Auflösung des unedleren Metalls *(elektrochemische Korrosion)*. Der Vorgang der Oxidation und Reduktion ist dabei räumlich getrennt.

Beispiele für Lokalelemente:

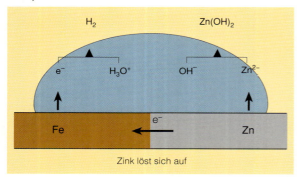

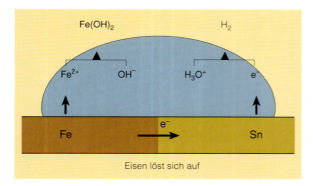

Zwei verschiedene Metalle können *zwei Halbzellen* darstellen; sie bilden ein **Lokalelement**. Von der Spannungsreihe ist abzulesen, welches Metall bei einem Lokalelement zerstört wird. Der bekannteste und wirtschaftlich bedeutsamste Vorgang einer elektrochemischen Korrosion ist das **Rosten** von Eisen. Dabei wirkt Sauerstoff als Oxidationsmittel. Lösungen von Säuren (saurer Regen) oder von Salzen (Streusalz) fördern das Rosten.

Schema des Rostvorgangs:

$$2\,Fe \longrightarrow 2\,Fe^{2+} + 4\,e^-$$
$$O_2 + 4\,e^- + 2\,H_2O \longrightarrow 4\,OH^-$$
$$2\,Fe^{2+} + H_2O + \langle O \rangle \longrightarrow 2\,Fe^{3+} + 2\,OH^-$$
$$2\,Fe^{3+} + 6\,OH^- \longrightarrow 2\,Fe(OH)_3$$
$$\overline{2\,Fe + 3\,H_2O + 3\,\langle O\rangle \longrightarrow 2\,Fe(OH)_3}$$

In der folgenden Abbildung sind die chemischen Vorgänge bei der Rostbildung vereinfacht dargestellt.

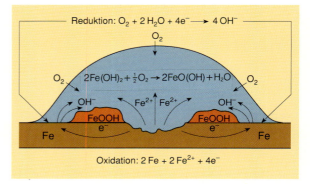

Rostbildung auf Stahl unter einem Wassertropfen

Der Schaden, den Korrosionsschäden verursachen, geht jährlich in die Milliarden. Daher sind Maßnahmen des Korrosionsschutzes von großer volkswirtschaftlicher Bedeutung.

Korrosionsschutz ist möglich durch
– Herstellung korrosionsfester Werkstoffe,
  z. B. Edelstahl
– metallische Überzüge,
  z. B. Verchromen, Verzinken
– organische Überzüge,
  z. B. Lackierung
– anorganische Überzüge,
  z. B. mit Email, mit Mennige.

32. Die Reaktionsgeschwindigkeit

32.1 Begriffe

In der Chemie interessiert, welche Einflüsse die Geschwindigkeit einer bestimmten Reaktion verändern können. Das zu erforschen, ist eine Aufgabe der **Reaktionskinetik**.
Da eine Reaktion von dem Aufeinandertreffen der Teilchen der Reaktionspartner bestimmt wird, hängt von der Anzahl dieser Treffer die Geschwindigkeit des Reaktionsablaufs ab. Dies bedeutet:

> Die Reaktionsgeschwindigkeit v ist proportional dem Produkt der **Konzentrationen der Ausgangsstoffe**:
> $$v = k \cdot c(A) \cdot c(B)$$

k ist eine für die Reaktion charakteristische Konstante, die **Geschwindigkeitskonstante**. Sie ist temperaturabhängig.

> Die Reaktionsgeschwindigkeit ist definiert als Konzentrationsänderung pro Zeiteinheit.

Beispiel:
$$v = \frac{-\Delta c \text{ (Ausgangsstoffe)}}{\Delta t}$$
$$= \frac{+\Delta c \text{ (Reaktionsprodukte)}}{\Delta t}$$

Die Geschwindigkeit der Teilchen nimmt mit der **Temperatur** und **Energie** zu. Damit vergrößert sich die Zahl der Zusammenstöße der Teilchen, so daß die Reaktionsgeschwindigkeit mit steigender Temperatur zunimmt.

> **RGT-Regel:** Für viele Reaktionen nimmt die Geschwindigkeit bei einer Temperaturerhöhung um 10°C auf das Zwei- bis Vierfache zu (**R**eaktions**g**eschwindigkeit-**T**emperatur-Regel).

Bei Feststoffen hängt außerdem die Reaktionsgeschwindigkeit vom **Zerteilungsgrad** der Ausgangsstoffe ab.
Beispiel:
Holzstaub ist feinverteiltes Holz. Das kann Ursache einer Staubexplosion sein.

32.2 Katalyse

Die Geschwindigkeit von vielen Reaktionen kann durch Zugabe bestimmter Stoffe, sog. **Katalysatoren**, verändert werden. Bei einem derartigen Vorgang der **Katalyse** nimmt die Reaktion einen anderen Weg, der mit **geringerer Aktivierungsenergie** abläuft (Seite 19).

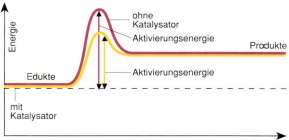

Ablauf einer endothermen Reaktion

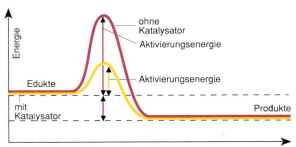

Ablauf einer exothermen Reaktion

> Mit **Katalysatoren** nimmt eine Reaktion einen anderen Weg. Die **Aktivierungsenergie** wird dabei herabgesetzt und die **Reaktionsgeschwindigkeit erhöht**. Katalysatoren nehmen an der Reaktion teil, werden dabei aber nicht bleibend verändert.

33. Chemisches Gleichgewicht *Massenwirkungsgesetz*

Es gibt Stoffe, die die Katalysatorwirkung unterdrücken. Man nennt sie **Katalysatorgifte.**
Heterogene Katalyse. Katalytische Reaktionen zwischen **verschiedenen Phasen** (fest/gasförmig oder fest/flüssig).

Beispiele:

Heterogene Katalyse:

$$2\,SO_2 + O_2 \xrightarrow{\text{Kontakt}} 2\,SO_3$$

Kontaktverfahren

$$2\,NO + 2\,CO \xrightarrow{\text{Pt/Rh}} N_2 + 2\,CO_2$$

Autoabgaskatalysator

$$2\,H_2O_2 \xrightarrow{\text{MnO}_2} 2\,H_2O + O_2$$

Sauerstoffdarstellung

Homogene Katalyse. Reaktionen in der **gleichen Phase** (gasförmig/gasförmig oder flüssig/flüssig).

Homogene Katalyse:

$$2\,N_2O \xrightarrow{\text{Cl}_2} 2\,N_2 + O_2$$

Zersetzung von N_2O

$$2\,O_3 \xrightarrow{\text{N}_2\text{O}_5} 3\,O_2$$

Ozonzerstörung in der Umwelt

Katalytische Reaktionen haben in der technischen Chemie große Bedeutung, z. B. beim Autoabgaskatalysator, Kontaktverfahren (Kontakt = *Katalysator*) zur Erzeugung von Schwefelsäure. In der lebenden Zelle sind **Biokatalysatoren** *(Enzyme)* am Ablauf aller biochemischen Prozesse beteiligt.

33. Chemisches Gleichgewicht

33.1 Das Massenwirkungsgesetz

Viele chemische Reaktionen sind umkehrbare Reaktionen, d. h. der Bildung von Reaktionsprodukten wirkt deren Zerfall in die Ausgangsstoffe (Edukte) entgegen.

Beispiele:

$$2\,SO_2 + O_2 \rightleftharpoons 2\,SO_3$$
$$H_2 + I_2 \rightleftharpoons 2\,HI$$
$$H_2CO_3 \rightleftharpoons HCO_3^- + H^+$$

Das letzte Beispiel zeigt, daß auch Säure-Base-Reaktionen umkehrbare Reaktionen sind.

> Es gibt für jede umkehrbare Reaktion einen Zustand, bei dem äußerlich keine Änderung der Konzentrationen von Edukten und Produkten festzustellen ist. Diesen Zustand nennt man **chemisches Gleichgewicht.**

Der Gleichgewichtszustand ist scheinbar ein Ruhezustand. Ist er erreicht, halten sich nämlich Bildungs- und Zerfallsreaktion die Waage. Dies wird im Reaktionsschema mit einem **Doppelpfeil** symbolisiert und läßt sich mathematisch beschreiben.

> Im **Gleichgewicht** ist das Produkt der Konzentration der Reaktionsprodukte dividiert durch das Produkt der Konzentrationen der Ausgangsstoffe bei einer bestimmten Temperatur konstant.
> Diese Formulierung nennt man das **Massenwirkungsgesetz.** Die dabei erhaltene Konstante ist die **Gleichgewichtskonstante** K.

$$H_2 + I_2 \rightleftharpoons 2\,HI$$

$$K = \frac{c^2\,(HI)}{c\,(H_2) \cdot c\,(I_2)}$$

33. Chemisches Gleichgewicht *Beeinflussung des Gleichgewichts*

> Die Einheit von K ist mol/l, mol^2/l^2 usw.
> Im vorigen Beispiel hat K keine Einheit, weil
> sich mol/l kürzen läßt.

Ein chemisches Gleichgewicht kann von äußeren Reaktionsbedingungen beeinflußt werden. Unverändert bleibt aber die für eine Temperatur charakteristische Gleichgewichtskonstante. Hat K für die Reaktion A + B $\rightleftharpoons$ C + B den Zahlenwert 4, so können z.B. folgende Konzentrationen vorliegen:

$$\frac{4 \cdot 4}{2 \cdot 2} \quad \text{oder} \quad \frac{2 \cdot 4}{1 \cdot 2} \quad \text{oder} \quad \frac{6 \cdot 6}{9 \cdot 1}$$

Der Zahlenwert von K ist hier immer 4.

33.2 Beeinflussung des chemischen Gleichgewichts

33.2.1 Änderung der Konzentration

Die Erhöhung der Konzentration eines Reaktionspartners – ob bei Ausgangsstoffen oder Endprodukten ist nicht entscheidend – führt zu einer Änderung der Konzentrationen der übrigen Reaktionsteilnehmer, bis sich das Gleichgewicht gemäß der *Gleichgewichtskonstanten* wieder eingestellt hat.

Beispiel:

$$Fe^{3+} + 3\,NCS^- \rightleftharpoons Fe(NCS)_3$$

$$K = \frac{c(Fe(NCS)_3)}{c(Fe^{3+}) \cdot c^3(NCS^-)}$$

Die Zugabe von Fe^{3+} oder NCS^- führt zu einer Vergrößerung von $c(Fe(NCS)_3)$ damit der Wert von K erhalten bleibt.

33.2.2 Änderung des Druckes

Bei Reaktionen von Gasen wird durch Druckerhöhung und -erniedrigung eine Störung des Gleichgewichtszustandes hervorgerufen. Die Zusammensetzung des Gasgemisches ändert sich dann solange, bis der der *Gleichgewichtskonstanten* entsprechende Zustand erreicht ist. Druckerhöhung entspricht einer Konzentrationszunahme und Druckminderung einer Verdünnung.

Beispiel:

$$2\,N_2O \rightleftharpoons 2\,N_2 + O_2$$

$$K = \frac{c^2(N_2) \cdot c(O_2)}{c^2(N_2O)}$$

Für die Druckänderung ist zu beachten, daß 1 mol eines Gases bei Normalbedingung 22,4 l einnimmt (Molvolumen).

33.2.3 Katalysatoren

Katalysatoren verändern die Lage des Gleichgewichtes nicht. Sie beschleunigen die Bildungsreaktion, aber auch die Zerfallsreaktion. Dies führt zu einer **raschen** Einstellung des chemischen Gleichgewichtes.

33.2.4 Das Prinzip vom kleinsten Zwang

Beeinflußt man den Zustand des chemischen Gleichgewichtes, so verschiebt sich die Lage des Gleichgewichtes. Es läuft die Reaktion ab, die diesem äußeren Zwang ausweicht. Druck- oder Konzentrationsänderung können einen solchen Zwang ausüben.

Beispiel:

$$N_2O_4 \rightleftharpoons 2\,NO_2$$

1 mol   2 mol

Druckerhöhung begünstigt die Bildung von N_2O_4
Das Prinzip vom kleinsten Zwang wird auch Prinzip von *Le Chatelier* genannt.

33.2.5 Temperaturänderung

Mit der Änderung der Temperatur ändert sich die Gleichgewichtskonstante. Deshalb ändert sich mit der Temperatur auch die Zusammensetzung des Reaktionsgemisches.

33. Chemisches Gleichgewicht *Säure-Base-Gleichgewicht*

Nach dem **Prinzip vom kleinsten Zwang** werden durch *Temperaturerhöung* endotherme, durch *Temperaturerniedrigung* exotherme Reaktionen begünstigt.

Beispiel:

$$Fe^{3+} + 3\,H_2O \xrightarrow[\text{Abkühlen}]{\text{Erhitzen}} Fe(OH)_3 + 3\,H^+$$

Beispiel:

$$3\,H_2 + N_2 \rightleftharpoons 2\,NH_3 + \text{Wärme}$$

Temperaturerhöhung begünstigt Zerfall von NH_3, Druckerhöhung begünstigt Bildung von NH_3.

33.3 Säure-Base-Gleichgewicht

Beim Lösen von Säuren und Basen stellt sich ein Gleichgewicht ein, das **Säure-Base-Gleichgewicht.**

Beispiel:

$$H_2S + H_2O \rightleftharpoons HS^- + H_3O^+$$

Für diese Gleichgewichtsreaktion kann das Massenwirkungsgesetz angewandt werden.

$$K = \frac{c\,(HS^-) \cdot c\,(H_3O^+)}{c\,(H_2S) \cdot c\,(H_2O)}$$

Beim Lösen in Wasser ändert sich die Konzentration von Wasser $c\,(H_2O)$ praktisch nicht. Deshalb gilt als **Säurekonstante** (K_s):

$$K_s = K \cdot c\,(H_2O) = \frac{c\,(H_3O^+) \cdot c\,(HS^-)}{c\,(H_2S)}$$

K_S von Schwefelwasserstoff ist $1{,}2 \cdot 10^{-7}$ mol/l. Dies ist ein Wert für eine schwache Säure.

Auch beim Lösen von *Basen* stellt sich ein chemisches Gleichgewicht ein. Die entsprechende Konstante bei Basen ist die **Basenkonstante** (K_B).

Beispiel:

$$NH_3 + H_2O \rightleftharpoons NH_4^+ + OH^-$$

$$K_B = K \cdot c\,(H_2O) = \frac{c\,(NH_4^+) \cdot c\,(OH^-)}{c\,(NH_3)}$$

K_B für diese Reaktion ist $1{,}8 \cdot 10^{-5}$. D. h. Ammoniak ist eine schwache Base.

pK_s-Wert: Korrespondierende Säure-Base-Paare bei 25°C ($pK_s = -\lg K_s$)

pK_s		Säure	$\rightleftharpoons$	H^+	+	Base		pK_s
− 9	Perchlorsäure	$HClO_4$	$\rightleftharpoons$	H^+	+	ClO_4^-	Perchlorat-Ion	23
− 3	Chlorwasserstoff	HCl	$\rightleftharpoons$	H^+	+	Cl^-	Chlorid-Ion	17
− 3	Schwefelsäure	H_2SO_4	$\rightleftharpoons$	H^+	+	HSO_4^-	Hydrogensulfat-Ion	17
− 1,74	Hydronium-Ion	H_3O^+	$\rightleftharpoons$	H^+	+	H_2O	Wasser	15,74
− 1,32	Salpetersäure	HNO_3	$\rightleftharpoons$	H^+	+	NO_3^-	Nitrat-Ion	15,32
1,92	Hydrogensulfat-Ion	HSO_4^-	$\rightleftharpoons$	H^+	+	SO_4^{2-}	Sulfat-Ion	12,08
1,96	Orthophosphorsäure	H_3PO_4	$\rightleftharpoons$	H^+	+	$H_2PO_4^-$	Dihydrogenphosphat-Ion	12,04
4,74	Essigsäure	HAc	$\rightleftharpoons$	H^+	+	Ac^-	Acetat-Ion	9,26
6,92	Schwefelwasserstoff	H_2S	$\rightleftharpoons$	H^+	+	HS^-	Hydrogensulfid-Ion	7,08
7,21	Dihydrogenphosphat-Ion	$H_2PO_4^-$	$\rightleftharpoons$	H^+	+	HPO_4^{2-}	Hydrogenphosphat-Ion	6,79
9,25	Ammonium-Ion	NH_4^+	$\rightleftharpoons$	H^+	+	NH_3	Ammoniak	4,75
10,4	Hydrogencarbonat-Ion	HCO_3^-	$\rightleftharpoons$	H^+	+	CO_3^{2-}	Carbonat-Ion	3,6
12,32	Hydrogenphosphat-Ion	HPO_4^{2-}	$\rightleftharpoons$	H^+	+	PO_4^{3-}	Phophat-Ion	1,68
15,74	Wasser	H_2O	$\rightleftharpoons$	H^+	+	OH^-	Hydroxid-Ion	− 1,74
24	Hydroxid-Ion	OH^-	$\rightleftharpoons$	H^+	+	O^{2-}	Oxid-Ion	−10
↓	Die Stärke der Säure nimmt ab					Die Särke der Base nimmt zu		↓

34. Energieumsatz bei chemischen Reaktionen

Meist wird nicht die Säurekonstante angegeben, sondern der negative Logarithmus des Zahlenwertes von K_s. Vergleiche dazu Kap. 30.7. Genauso verfährt man mit der Basenkonstante K_B. Der pK_B-Wert kann nach den folgenden Beziehungen berechnet werden.

$$pK_s = -\lg K_S \qquad pK_B = -\lg K_B$$

$$pK_S + pK_B = 14$$

Diese Beziehung gilt für korrespondierende Säure-Base-Paare (Kap. 30.2.2).

33.4 Puffersysteme

Puffersysteme ändern ihren pH-Wert trotz Zugabe von Säuren oder Basen kaum. Sie bestehen im einfachsten Fall aus einer schwachen Säure und ihrer korrespondierenden Base, z.B. HCO_3^-/H_2CO_3 im Blut.

34. Energieumsatz bei chemischen Reaktionen

Jede chemische Reaktion ist mit einer Energieumwandlung verbunden. Dabei kann die Energie in verschiedenen Formen auftreten, z.B. als Wärmeenergie, Lichtenergie, elektrische Energie, mechanische Energie.

Reaktionsenthalpie. Die bei einer chemischen Reaktion unter konstantem Druck auftretende Wärme wird **Reaktionsenthalpie** H_{298}^R genannt. Sie ergibt sich als Differenz der Wärmeinhalte *(H)* der Produkte und Ausgangsstoffe. Das Symbol erhält bei exothermen Reaktionen ein negatives, bei endothermen Reaktionen ein positives Vorzeichen.

Der Ablauf eines endothermen Vorgangs und eines exothermen Vorgangs ist auf S. 19 am Beispiel der Photosynthese und der Verbrennung graphisch dargestellt.

Bei der Angabe der Reaktionsenthalpie wird der formulierte Stoffumsatz unter Standardbedingungen (1013 mbar, 298 K) zugrunde gelegt. Man spricht auch von **„Formelumsatz"**.

Für Reaktionsenthalpie ist auch der Ausdruck *„Enthalpieänderung"* oder *„Wärmetönung"* gebräuchlich.

Durchschnittliche thermochemische Bindungsenergien bei 25°C in kJ/mol

Einfachbindungsenergien									
	H	C	Si	N	O	F	Cl	Br	I
H	436	416	323	391	463	565	431	365	297
C		356	306	305	358	489	327	272	214
Si			202	335	444	595	398	329	234
N				160	181	278	193	–	–
O					146	190	205	–	–
F						158	255	238	–
Cl							242	217	209
Br								193	180
I									151

Mehrfachbindungsenergien									
C=C	615	C=N	616	C=O	736	N=N	466		
C≡C	813	C≡N	892	C≡O	1073	N≡N	946		

34. Energieumsatz bei chemischen Reaktionen

$$2\,CO + O_2 \longrightarrow 2\,CO_2; \Delta H^R_{298} = -566\ kJ$$

Man findet dafür auch:

$$2\,CO + O_2 \longrightarrow 2\,CO_2 + 566\ kJ$$

Beispiel einer endothermen Reaktion:

$$131\ kJ + C + H_2O \longrightarrow CO + H_2; \Delta H^R_{298} = +131\ kJ$$

Bildungsenthalpie. Die bei der Bildung (engl. **formation**) von 1 mol einer Verbindung aus den Elementen auftretende Reaktionsenthalpie ist die **Bildungsenthalpie** H^f_{298}. Sie kann positiv oder negativ sein.
Für „Bildungsenthalpie" findet man auch **„Bildungswärme".**

$$C + O_2 \longrightarrow CO_2; \Delta H^f_{298} = -393{,}5\ kJ/mol$$

$$N_2 + O_2 \longrightarrow 2\,NO; \Delta H^f_{298} = +90\ kJ/mol$$

Der Formelumsatz bei der NO-Bildung nach dieser Gleichung entspricht $180 = kJ$. Deshalb sollte er besser auf die Einheit mol bezogen werden, also 90 kJ/mol.
Eine Verbindung, die unter Energieaufwand entsteht, ist eine **endotherme Verbindung** (z.B. NO). Weil sie nicht – wie zu vermuten – spontan zerfällt, ist sie eine **metastabile Verbindung.**
Der bei der Photosynthese gebildete Zucker ist ebenfalls eine **endotherme Verbindung.** Weil er metastabil ist, verhält er sich wie eine stabile Verbindung.

Bei der Synthese aus Molekülen müssen die Moleküle der Ausgangsstoffe zuerst in die Atome gespalten werden. Dafür ist die **Dissoziationsenthalpie** erforderlich. Bei der Bildung eines Moleküls der Produkte aus diesen Atomen wird derselbe Energiebetrag als **Bindungsenthalpie** frei.

> Die **Dissoziationsenthalpie** hat ein **positives Vorzeichen.**
> Die **Bindungsenthalpie** hat ein **negatives Vorzeichen.**
> **Die Zahlenwerte sind gleich!**

1. Anwendungsbeispiel

Welcher Energieaufwand ist erforderlich, um 1 mol Methan (CH_4) in die Atome zu spalten? Die Bindungsenthalpie einer C-H-Bindung beträgt nach obiger Tabelle 416 kJ/mol. Da vier C-H-Bindungen pro Molekül zu spalten sind, müssen $4 \cdot 416$ kJ/mol aufgewendet werden. Zur Spaltung von Methan sind also 1664 kJ/mol erforderlich.

2. Anwendungsbeispiel

Wenn ein Gemisch von Chlor und Wasserstoff gezündet wird, kommt es zu einer heftigen Reaktion. In einer exothermen Reaktion entsteht dabei Chlorwasserstoff.
Die Reaktion beginnt mit einer Spaltung (Dissoziation) der Moleküle von Chlor und Wasserstoff.

1. Dissoziation von Chlor

$$Cl_2 \longrightarrow 2\,Cl; \Delta H = +242\ kJ/mol$$

2. Dissoziation von Wasserstoff

$$H_2 \longrightarrow 2\,H; \Delta H = +436\ kJ/mol$$

Die Chloratome verbinden sich mit Wasserstoffatomen zu Chlorwasserstoffmolekülen.

$$H + Cl \longrightarrow HCl; \Delta H^f_{298} = -431\ kJ/mol$$

Die Bindungsenthalpie von 2 mol HCl beträgt also

$$-2 \cdot 431\ kJ = -862\ kJ.$$

Aus dem Verbrauch an Dissoziationsenergie und dem Gewinn an Bindungsenergie ergibt sich die bei der Bildung von HCl freiwerdende Energie:

$$+242\ kJ + 436\ kJ - 862\ kJ = -184\ kJ$$

Nach der Gleichung

$$Cl_2 + H_2 \longrightarrow 2\,HCl; \Delta H^R_{298} = -184\ kJ$$

beträgt die molare Bildungsenthalpie von HCl also

$$-\frac{184}{2}\ kJ = -92\ kJ/mol.$$

Deshalb ist diese Reaktion exotherm.

Chemie der Umwelt

35. Chemie der Atmosphäre und Stratosphäre

35.1 Spurengase der Atmosphäre

Als Spurengase der Atmosphäre bezeichnen wir Gase, deren Konzentration geringer ist als die des Edelgases Krypton (S. 17).

Sie gelten als **Luftschadstoffe**, wenn sie auf Lebewesen, Boden oder Bauwerke eine schädliche Wirkung ausüben oder sich mit Wasser zu Säuren verbinden (Bildung von saurem Regen).

In der Tabelle sind diese Gase zusammengefaßt. Dabei wird die jährliche Emission und die Schadstoffwirkung angegeben.
Als **Leitschadstoff** der Luftverunreinigung gilt das **Schwefeldioxid.**

Luftschadstoffe – weltweite Emission

Spurengas Formel Name	Emission Mio. t/Jahr 1990	Schadstoff- wirkungen
NO, NO_2 Stickstoff- oxide	160	Smog, Ozon- und Säurebildner, Atmungs- erkrankungen, Saurer Regen, Waldschäden
SO_2 Schwefel- dioxid	400	Smog, Ozon- und Säurebildner, Atmungs- erkrankungen, Saurer Regen, Waldschäden
CO Kohlenstoff- monooxid	3 400	giftig, Smog
HCl Chlorwasser- stoff	k. A.	giftig, Saurer Regen

Zu den Luftschadstoffen gehören auch **organische Verbindungen,** die z. B. als Lösemittel- dämpfe in die Atmosphäre gelangen, und Stäube. Die Emission von Luftschadstoffen in den alten Bundesländern zeigt die Abbildung (Seite 78).

Die **Minderung der Schadstoffemissionen** ist eine dringende Aufgabe der Technik. Mit dem **Autoabgaskatalysator** gelingt eine erhebliche Minderung des Schadstoffausstoßes durch Benzinmotore. In Großkraftwerken und Industrie- betrieben werden Anlagen installiert zur **Entstickung** und **Entschwefelung,** oder die Abgase werden in einem Kreisprozeß einem Produktionsprozeß zugeführt, so daß z. B. aus Schwefeldioxid der Abgase Schwefelsäure hergestellt wird.

$$2\,SO_2 + O_2 \longrightarrow 2\,SO_3$$
$$2\,SO_3 + 2\,H_2O \longrightarrow 2\,H_2SO_4$$
Schwefelsäure

Ozon. Sein Molekül besteht aus drei Sauerstoffatomen (O_3); es ist ein gesundheitsschädliches Gas. Ozon wurde von dem deutschen Chemiker Schönbein 1839 bei elektrischen Entladungen entdeckt. Dabei fiel es ihm an seinem stechenden Geruch auf. Das führte zum Namen „Ozon" (*ozein* = riechen). Ozon zerfällt bei der Einwirkung von UV-Strahlung in Sauerstoffmoleküle und Sauerstoffatome. Letzere reagieren mit H_2O unter Bildung von OH-Radikalen (= Teilchen mit einem einzelnen Elektron).

$$O_3 \xrightarrow{\text{UV}} O_2 + O\cdot$$
$$O\cdot + H_2O \longrightarrow 2\,\cdot\ddot{O}\!:\!H$$

35. Chemie der Atmosphäre und Stratosphäre *Treibhauseffekt*

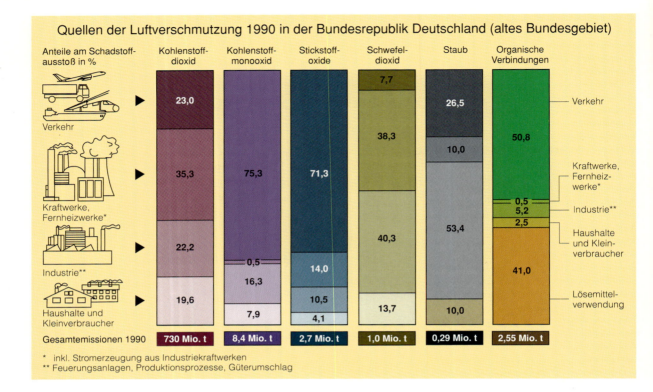

Diese gelten als Entgifter der wasserunlöslichen Schadstoffe, weil sie diese umwandeln in wasserlösliche, die dann mit dem Regen aus der Luft ausgewaschen werden.

Entgiftung der Luft mit ·OH-Radikalen:

$$CO + \cdot OH \longrightarrow H + CO_2$$
$$NO + \cdot OH \longrightarrow H + NO_2$$
$$CO_2 + H_2O \longrightarrow H_2CO_3 \text{ (Kohlensäure)}$$

Bei der Reaktion von Sauerstoffatomen mit NO_2 bildet sich O_3 zurück. So bleibt die O_3-Konzentration erhalten.

$$NO_2 \xrightarrow{UV} NO + O\cdot$$
$$O\cdot + O_2 \longrightarrow O_3$$
$$\overline{NO_2 + O_2 \longrightarrow NO + O_3}$$

Bei einem verstärkten Ausstoß an NO_2 (Abgase) nimmt die O_3-Konzentration bedenklich zu.

35.2 Der Treibhauseffekt

Die Erdoberfläche wird von der einfallenden Sonnenstrahlung erwärmt. Ein Teil der Strahlung wird als Wärmestrahlung (infrarote Strahlung) wieder in das Weltall abgestrahlt.
Diese Strahlung wird z.T. von **„klimarelevanten Spurengasen"** der Erdatmosphäre absorbiert. Diese und damit die Luft der unteren Atmosphäre werden dabei erwärmt, eine Erscheinung, die als **Treibhauseffekt** bekannt ist. Ohne den natürlichen Treibhauseffekt, der von **Wasserdampf und Kohlenstoffdioxid** hervorgerufen wird, wäre die Erdoberfläche im Mittel nicht wärmer als −18 °C. Der **natürliche Treibhauseffekt** ist also für das Leben auf der Erde lebenswichtig. Durch Verbrennung von Holz, Kohle, Erdöl, Erdgas werden z. Zt. jährlich weltweit 26 Milliarden Tonnen Kohlenstoffdioxid emittiert. Vor 100 Jahren lag die Emission noch bei 300 Millionen Tonnen. Die Folge ist ein Anstieg der CO_2-Konzentration in der Atmosphäre von 280 ppm auf 353 ppm.

35. Chemie der Atmosphäre und Stratosphäre *Ozonloch*

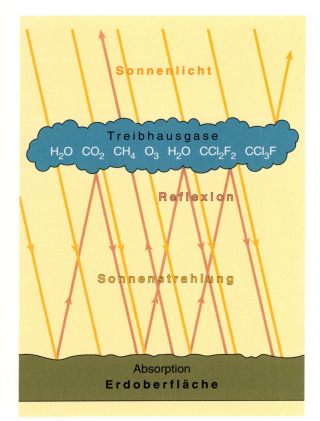

Schema des Treibhauseffektes. Die untere Atmosphäre wird durch Sonnenstrahlung und zusätzlich durch Wärmeabsorption der Treibhausgase erwärmt.

Weitere klimarelevante Spurengase sind:
- **Distickstoffoxid (N_2O),** von Stickstoffdüngern,
- **Methan (CH_4)** von der Viehhaltung, Reisanbau, Mülldeponien,
- **Ammoniak (NH_3)** von Viehhaltung, Düngung, Kläranlagen,
- **Kohlenstoffmonooxid (CO)** von unvollständiger Verbrennung,
- **FCKW (Fluorchlorkohlenwasserstoffe)** von Treibgasen, Kühl-, Löse-, Schäummitteln.

Auch diese Moleküle **absorbieren infrarote Strahlung** und führen zu einer steigenden Erwärmung der Luft unserer Atmosphäre. Die Tatsache der Temperaturerhöhung steht wissenschaftlich fest; es geht nur um den Betrag der Erwärmung und dessen Folgen. Deshalb müssen Sofortmaßnahmen ergriffen werden. Dies ist umso dringlicher, als bestimmte klimarelevante Gase, z. B. FCKW, eine lange Verweilzeit in der Atmosphäre haben. Die Bundesrepublik Deutschland ist zwar zum Vorreiter in der Minderung dieser Gase geworden, doch ist eine Lösung dieses lebenswichtigen Problems nur mit globalen Entscheidungen möglich.

35.3 Das Ozonloch

Etwa 90 % des Ozons der Erde befinden sich in der Stratosphäre. Ozon absorbiert einen Teil der von der Sonne kommenden UV-Strahlung. Ohne

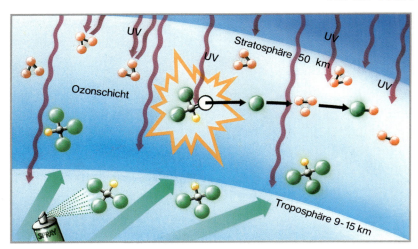

Wegen der Langlebigkeit der FCKW-Moleküle haben diese einen besonderen Anteil am Ozonabbau über den Polen der Erde. Die chemische Industrie ist gefordert, Verbindungen für die verschiedenen Verwendungen von FCKW vorzuschlagen. Zum Teil kann auf FCKW, z. B. als Treibgas, ganz verzichtet werden.

35. Chemie der Atmosphäre und Stratosphäre *Smog*

diese Absorption wäre Leben auf der Erde gar nicht möglich. Ungebremste UV-Strahlung vermehrt Hautkrebs, schädigt die Netzhaut, hemmt die Photosynthese, zerstört das Plankton. Bei der UV-Absorption kommt es zu einer Spaltung der O_3-Moleküle, die sich aber wieder zurückbilden:

$$O_3 \longrightarrow O_2 + \langle O \rangle$$

$$O_2 + \langle O \rangle \longrightarrow O_3$$

Wenn der atomare Sauerstoff abgefangen wird, wird dieser Kreislauf unterbrochen, es kommt zu einer Ausdünnung des Ozons, bekannt als **Ozonloch.**

FCKW-Moleküle gehören zu den Ozonkillern:

$$CCl_2F_2 \longrightarrow CClF_2 + Cl$$

$$\left. \begin{array}{l} O_3 + Cl \longrightarrow O_2 + ClO \\ O + ClO \longrightarrow Cl + O_2 \end{array} \right\} \text{Kreislauf}$$

Auch N_2O fängt O ab:

$$N_2O + O \longrightarrow 2\,NO$$

Dadurch wird die Rückbildung von O_3 durch $O_2 + O \longrightarrow O_3$ behindert.

35.4 Smog

Man unterscheidet sauren und photochemischen Smog. Der **saure Smog** entsteht infolge der Emission von Schwefeldioxid in feuchter Luft (Nebel), wo aus schwefliger Säure die Schwefelsäure gebildet wird. Diese wirkt schädigend auf die Atmungsorgane. Saurer Smog wird auch **„London Smog"** genannt.

Der **photochemische Smog** entsteht durch **Sonneneinstrahlung** (UV-Strahlung) auf Stickstoffoxide, Kohlenwasserstoffe und durch das Kohlenstoffmonooxid der **Autoabgase.** Dabei entsteht als starkes Oxidationsmittel **Ozon.**

Photochemische Reaktionen (vereinfacht):

$$NO_2 \xrightarrow{\text{Licht}} NO + O$$

$$H_2O + O \longrightarrow 2\,OH$$

$$CO + OH \longrightarrow CO_2 + H$$

$$H + O_2 \longrightarrow HO_2$$

$$HO_2 + NO \longrightarrow NO_2 + OH$$

$$O + O_2 \longrightarrow O_3$$

(Beteiligung von Radikalen O, OH, HO_2).

Photochemischer Smog wird auch **„Los Angeles Smog"** genannt. Im Ballungszentrum von Los Angeles herrschen durch den starken Straßen- und Luftverkehr hohe NO-Konzentrationen. Gleichzeitig ist dort die für Kalifornien typische intensive Sonneneinstrahlung zu verzeichnen.

Begünstigt wird die Photo-Smog-Bildung durch **Inversionswetterlagen,** d. h. wenn wärmere Höhenluft über bodennaher Kaltluft lagert. Dann ist das Entweichen der Abgase in höhere Luftschichten gehemmt. Die durch photochemische Reaktion entstehenden Produkte reizen Schleimhäute und zerstören die Blätter von Pflanzen. Der Los Angeles Smog tritt überall auf, wo hohes Verkehrsaufkommen und entsprechende Wetterlagen photochemische Reaktionen auslösen.

36. Wasser und Boden

36.1 Düngung

Düngemittel werden dem Boden oder den Pflanzen direkt zugeführt, um den durch die Ernte verursachten Nährstoffentzug auszugleichen. Darüberhinaus sollen sie das Pflanzenwachstum fördern, den Ertrag und die Qualität verbessern. Dadurch liefert die Düngung einen wichtigen Beitrag, die Ernährungsgrundlage der ständig wachsenden Weltbevölkerung sicherzustellen.

Man unterscheidet zwischen Wirtschaftsdünger und Handelsdünger. Zu den **Wirtschaftsdüngern** gehören Stallmist und Jauche. Sie enthalten die Pflanzennährstoffe Stickstoff, Phosphor, Kalium und geringe Mengen organischer Substanzen, die für die Humusbildung von Bedeutung sind. **Handelsdünger** (früher „Kunstdünger") sind Produkte der chemischen Industrie, die in unterschiedlicher Zusammensetzung hergestellt werden. **Stickstoff-Dünger** (z. B. Kalkstickstoff, Ammoniumsulfat, Kalkammonsalpeter) enthalten nur den Nährstoff Stickstoff.

Phosphat-Dünger (z. B. Thomasphosphat, Superphosphat) enthalten nur den Nährstoff Phosphor. Entsprechendes gilt für **Kali-Dünger, Kalk- und Magnesium-Dünger.**
Mischdünger sind Kombinationen aus mehreren Nährstoffen. Dazu gehört der **Volldünger,** der in unterschiedlichen Nährstoffkombinationen angeboten wird und alle Pflanzennährstoffe enthält.
Organische Handelsdünger werden aus pflanzlichen und tierischen Stoffen hergestellt, z. B. aus Knochen, Fischen, Guano.
Schließlich gibt es noch **Düngemittel mit Spurennährstoffen** wie Kupfer, Zink, Mangan, Eisen Bor, Cobalt, Molybdän. Die genannten Spurenelemente werden den Anforderungen bestimmter Pflanzenarten angepaßt und kommen dann als Koniferen-, Rosen-, Rhododendron-, Rasendünger usw. in den Handel.
Das Ziel der Düngung, den Nährstoffentzug auszugleichen und die Ertragsqualität zu verbessern, ist nicht unproblematisch. Es steht fest, daß der Ertrag und die Qualität durch Düngung nicht beliebig gesteigert werden kann.
Ein Zuviel an Nitrat in Pflanzen ist außerdem gesundheitsschädlich. Nitrat wird nämlich im Verdauungstrakt in Nitrit umgewandelt, das mit Aminen der Nahrung krebserregende Nitrosamine (S. 100) bildet. Durch **Überdüngung** kann nicht nur die Bodenbeschaffenheit nachteilig beeinflußt werden; ebenso kann durch Abschwemmung von Düngerstoffen in die Oberflächengewässer oder durch Versickern in den Boden das Grundwasser beeinträchtigt werden. Bei sachgerechter Dosierung der Düngergaben und dem für die Pflanzen günstigen Zeitpunkt der Düngemittelgabe kann das Ziel der Düngung ohne Gefährdung der Umwelt erreicht werden.

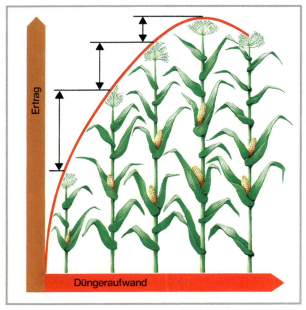

Der Ertrag kann durch Düngung nicht beliebig gesteigert werden

36.2 Wassergefährdung

Der Mensch benötigt Wasser nicht nur als Lebensmittel, sondern er nützt es auch in Industrie und Gewerbe zu den verschiedensten Zwecken. Dadurch wird das Wasser zum **Abwasser.**

36. Wasser und Boden

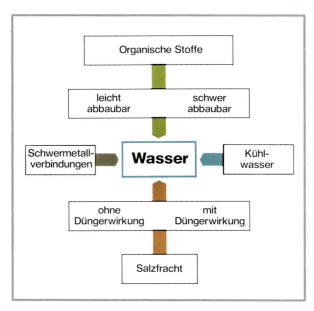

Wodurch das Wasser zum Abwasser wird

In der Bundesrepublik Deutschland fallen täglich pro Einwohner etwa 140 Liter Abwasser an. Diese gewaltigen Abwassermengen sind auf unterschiedlichste Weise verunreinigt. Sie müssen vor Einleitung in ein Gewässer so gut wie möglich gereinigt werden.

Auch in natürlichen Gewässern entstehen Verunreinigungen, z. B. durch tierische Ausscheidungen, abgestorbene Pflanzen und Tiere. Diese werden dort – sofern sie nicht in zu großen Mengen anfallen – von Mikroorganismen in kurzer Zeit zu Wasser, Kohlenstoffdioxid und Mineralstoffe (Salze) abgebaut. Dieser natürliche Vorgang der **Selbstreinigung** läuft aber nur ab, solange genügend Sauerstoff im Wasser gelöst ist. Je stärker ein Gewässer mit organischen Stoffen belastet ist, desto höher ist der **biochemische Sauerstoffbedarf (BSB).** Wird der Sauerstoffbedarf in einem Gewässer nicht mehr gedeckt, kommt es zu Gärungs- und Fäulnisvorgängen. Dabei entstehen als Hauptprodukte Kohlenstoffdioxid und Methan (S. 83), außerdem die giftigen und übelriechenden Gase Schwefelwasserstoff und Ammoniak. Am Boden bildet sich eine sauerstofffreie Schlammschicht, der Faulschlamm.

Die Überbelastung der Gewässer mit Fremdstoffen aus Haushalt, Gewerbe und Industrie zu vermeiden, ist Aufgabe der **Kläranlagen.**
In der **ersten Reinigungsstufe** einer Kläranlage werden Grobstoffe im Rechenwerk zurückgehalten, Sinkstoffe im Sandfang abgefangen, Öle im Ölabscheider und Schwebstoffe im Vorklärbecken zurückgehalten, wo letztere sich als Schlamm absetzen. Der Schlamm wird von Bakterien unter Bildung von Methan abgebaut. In der **zweiten Reinigungsstufe**, der biologischen Abwasserreinigung, werden die verbliebenen organischen Schmutzstoffe nach dem Prinzip der Selbstreinigung von Mikroorganismen abgebaut. In einer **dritten Reinigungsstufe** (wenn vorhanden) kann eine chemische Behandlung des Abwassers, z. B. zur Entfernung von Phosphat und Schwermetallsalzen, durchgeführt werden. Für Betriebe mit einem Anfall an toxischen Stoffen (chemische Industrie, Galvanisierbetriebe) sind spezielle Abtrenn- und Rückhalteverfahren entwickelt und installiert worden. Eine besondere Belastung für Gewässer sind Nitrate und Phosphate, die nach Düngerausbringung eingeschwemmt werden können. Gelangt Nitrat in das Grundwasser oder ein Oberflächengewässer, so kann daraus gewonnenes Trinkwasser gesundheitlich bedenklich sein.
Der **Grenzwert für Nitrat** ist gegenwärtig auf 50 mg pro 1 Liter Trinkwasser festgelegt und soll in den nächsten Jahren EG-einheitlich auf 25 mg/l gesenkt werden. Die Einschwemmung von Phosphatdüngern und phosphathaltigen Waschmitteln, die allerdings im Rückgang begriffen sind, tragen zu einer Phosphatbelastung der Gewässer bei. Dies führt zu einer **Überdüngung („Eutrophierung")** der Gewässer, wodurch es zu einem übermäßigen Algenwachstum und einem entsprechend massivem Anfall an totem organischem Material kommt. Kann der biologische Sauerstoffbedarf nicht mehr gedeckt werden, ist die Selbstreinigungskraft des Gewässers überfordert; es „kippt um". Die Eliminierung der Phosphate ist heute technisch durch Fällung mit Eisen- oder Aluminiumsalzen möglich. Diese Fällung kann im Vorklärbecken, im Belebungsbecken oder in einer besonderen dritten Stufe einer Kläranlage erfolgen.

Organische Chemie

37. Kohlenwasserstoffe

37.1 Gesättigte Kohlenwasserstoffe: Alkane

37.1.1 Homologe Reihe

Die einfachste organische Verbindung ist das Methan. Seine Summenformel ist CH_4. Wird im Methanmolekül ein Wasserstoffatom durch ein Kohlenstoffatom ersetzt und dieses dann mit Wasserstoffatomen abgesättigt, erhält man das Molekül Ethan. Setzt man dies fort, so kommt man zum Propan, Butan und weiteren Kohlenwasserstoffen.

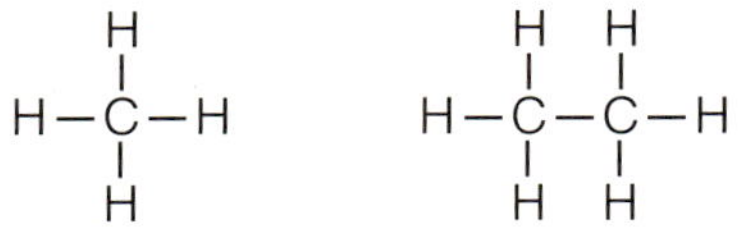

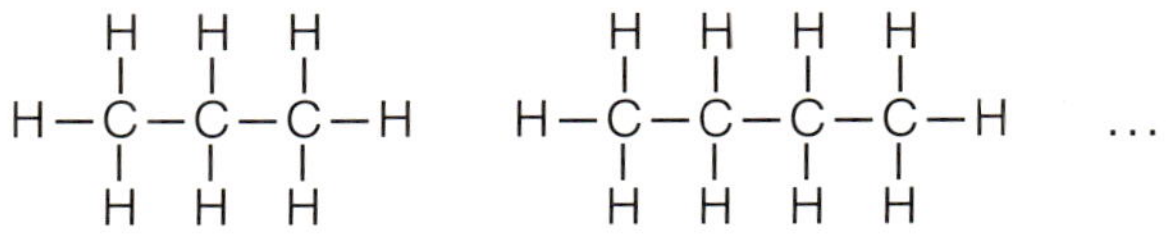

Propan

Butan

Man nennt sie gesättigte Kohlenwasserstoffe oder **Alkane.** Es sind Verbindungen mit C—C-Einfachbindungen und Absättigung der restlichen Valenzen mit H-Atomen in ihren Molekülen.

Wird einem Alkanmolekül ein Wasserstoffatom entzogen, erhält man einen „Alkylrest" – kurz **Alkyl** genannt.

Beispiel:

$$CH_4 \longrightarrow \cdot CH_3 + \cdot H$$

Methan   Methyl-Radikal

Methan

Ethan

Normale, gesättigte Kohlenwasserstoffe – Alkane

Name	Summenformel	Smp.°C	Sdp.°C	Aggregatzustand bei 20°C	Alkyl
Methan	CH_4	−182,6	−161,7	↑	Methyl
Ethan	C_2H_6	−172,0	− 88,6		Ethyl
Propan	C_3H_8	−187,1	− 42,2	Gase	Propyl
Butan	C_4H_{10}	−135,5	− 0,5	↓	Butyl
Pentan	C_5H_{12}	−129,7	36,1	↑	Pentyl
Hexan	C_6H_{14}	− 94,0	68,7		Hexyl
Heptan	C_7H_{16}	− 90,5	98,4		Heptyl
Octan	C_8H_{18}	− 56,8	125,6	Flüssigkeiten	Octyl
Nonan	C_9H_{20}	− 53,7	150,7		Nonyl
Decan	$C_{10}H_{22}$	− 29,7	174,0		Decyl
Hexadecan	$C_{16}H_{34}$	18,1	280,0	↓	Hexadecyl
Heptadecan	$C_{17}H_{36}$	22,0	303,0	↑	Heptadecyl
				Feststoffe	
Eicosan	$C_{20}H_{42}$	36,4	−	↓	Eicosyl
Allgemein	C_nH_{2n+2}				

83

37. Kohlenwasserstoffe *Gesättigte Kohlenwasserstoffe, Isomerie*

Die Moleküle aufeinanderfolgender Alkane unterscheiden sich um eine CH_2-Gruppe. Sie bilden eine **homologe Reihe** der allgemeinen Formel C_nH_{2n+2}.

37.1.2 Isomerie

Ab dem Butan kann ein Alkanmolekül auch verzweigt sein.

Die Erscheinung, daß Verbindungen gleicher Summenformel sich in der Struktur ihrer Moleküle und in ihren Eigenschaften unterscheiden, nennt man **Isomerie**.
Unverzweigte Alkane nennt man normal- oder **n-Alkane**.
Alkane mit verzweigter Kohlenstoffkette iso- oder **i-Alkane**.

Beispiel:

```
  H H H H            H H H
  | | | |            | | |
H-C-C-C-C-H        H-C-C-C-H
  | | | |            | | |
  H H H H            H C H
                       |
                     H H H

   n-Butan         i-Butan = 2-Methylpropan
```

Beim i-Butan ist ein H-Atom der Propankette durch eine CH_3-Gruppe ersetzt *(substituiert)*. Die CH_3-Gruppe ist hier ein Substituent für ein H-Atom.

37.1.3 Regeln zur Bezeichnung isomerer Alkane

1. Die längste Kohlenstoffkette ergibt den Stammnamen. Die Verbindung wird als Abkömmling dieses Kohlenwasserstoffs aufgefaßt.
2. Diese Kohlenstoffkette wird so numeriert, daß das Kohlenstoffatom, von dem eine Verzweigung ausgeht, eine möglichst kleine Zahl erhält.
3. Die Stellung des Substituenten (z. B. Methyl) erhält die Nummer des C-Atoms, an dem dieser gebunden ist.
4. Wenn der gleiche Substituent mehrfach vorkommt, wird dies durch griechische Zahlwörter bezeichnet.

Beispiel:

```
       |       |
      -C-     -C-
       |       |
   -C₁-C₂-C₃-C₄-C₅-
       |
      -C-
       |
```

1. Die längste C-Kette enthält 5 C-Atome, also Pentan.
2. C-Atome dieser Kette numerieren.
3. Es sind 3 (= Tri) Methylgruppen (Substituenten) vorhanden, und zwar 2 Methylgruppen am C_2-Atom und 1 Methylgruppe am C_4-Atom.
Also: 2,2,4-Trimethylpentan
Das ist ein mögliches i-Octan; es wird in der Technik nur „i-Octan" genannt.

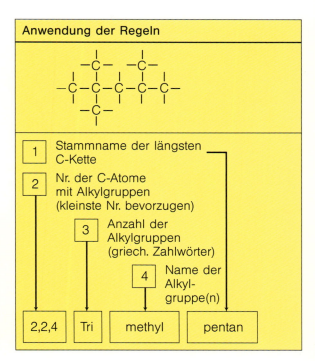

37. Kohlenwasserstoffe *Substitution, Alkene*

In unserem Beispiel sind am C_2-Atom zwei CH_3-Gruppen an Stelle von H-Atomen, deshalb muß die Ziffer 2 zweimal geschrieben werden.

37.1.4 Eigenschaften

Alkane sind Bestandteile wichtiger Energieträger. Erdgas besteht überwiegend aus Methan. Flüssiggas enthält Propan und Butan, Gase, die durch Druck leicht zu verflüssigen sind. Im Benzin sind Alkane mit 6 – 8 C-Atomen im Molekül enthalten, im Heiz- und Dieselöl 12 – 20 C-Atome im Molekül.
Verzweigte Alkane zeigen im Benzinmotor ein besseres Zündverhalten (Klopffestigkeit) als unverzweigte. Als Norm gilt die Octanzahl. Sie entspricht einem angenommenen Gemisch aus i-Octan *(2, 2, 3-Trimethylpentan)* und n-Heptan.

Beispiel: Octanzahl 92
Der Treibstoff hat die Klopffestigkeit eines Gemisches aus 92 % i-Octan und 8 % n-Heptan.

Beim optimalen Verbrennen von Alkanen entstehen Wasser und Kohlenstoffdioxid, bei unvollständiger Verbrennung kommt dazu Kohlenstoffmonooxid und Ruß.

37.1.5 Halogenalkane: Substitution

Halogene reagieren mit Alkanen unter Bildung von Halogenkohlenwasserstoffen.

Beispiel: $CH_4 + Cl_2 \longrightarrow CH_3Cl + HCl$

> Der Vorgang ist eine **Substitution,** d. h. ein H-Atom wurde durch ein Cl-Atom ersetzt.

Im Methan können der Reihe nach alle H-Atome substituiert werden:

CH_3Cl	CH_2Cl_2
Monochlormethan	Dichlormethan
Methylchlorid	Methylenchlorid
$CHCl_3$	CCl_4
Trichlormethan	Tetrachlormethan
Chloroform	Tetrachlorkohlenstoff

Diese Verbindungen haben gute Löseeigenschaften, doch ist ihr Gebrauch rückläufig, weil sie gesundheitsschädlich (z. T. mit Verdacht auf krebserzeugende Wirkung) sind.

> **FCKW** ist die Abkürzung für **F**luor**c**hlor**k**ohlen**w**asserstoffe. Ihre Verwendung als Treibgas in Spraydosen, als Schäummittel, Lösemittel und Kühlmittel muß eingeschränkt werden, da sie für den Abbau des Ozons in der Stratosphäre (*Ozonloch,* Seite 78) mitverantwortlich sind.

Für FCKW wurde eine Kurzbezeichnung eingeführt.

Beispiele:

$$CCl_3F = FCKW\ 11,\quad CCl_2F_2 = FCKW\ 12,$$
$$CClF_2 - CCl_2F = FCKW\ 113$$

37.2 Ungesättigte Kohlenwasserstoffe

37.2.1 Mehrfachbindungen

Kohlenstoffatome können nicht nur über eine Einfachbindung, sondern auch über eine Doppelbindung oder eine Dreifachbindung verbunden werden.

> Kohlenwasserstoffe mit einer Doppel- oder Dreifachbindung zwischen C-Atomen nennt man **ungesättigte Kohlenwasserstoffe.**

37.2.2 Alkene

Der einfachste Kohlenwasserstoff mit einer Doppelbindung im Molekül ist das Ethen (Ethylen):

$$\underset{H}{\overset{H}{>}}C=C\underset{H}{\overset{H}{<}}$$

> **Alkene** bilden eine homologe Reihe mit der allgemeinen Summenformel C_nH_{2n}.

37. Kohlenwasserstoffe *Alkene, Alkine*

Beispiel für Polymerisation:

$$\cdots + \underset{H}{\overset{H}{>}}C=C\underset{H}{\overset{H}{<}} + \underset{H}{\overset{H}{>}}C=C\underset{H}{\overset{H}{<}} + \underset{H}{\overset{H}{>}}C=C\underset{H}{\overset{H}{<}} + \cdots \longrightarrow \cdots C-C-C-C-C-C\cdots$$

viele Ethenmoleküle   Polyethen

Wegen der Doppelbindung sind Alkene besonders reaktionsfähig.

Addition. Die Anlagerung von Atomen oder Atomgruppen an eine Doppelbindung nennt man Addition.

$$\underset{H}{\overset{H}{>}}C=C\underset{H}{\overset{H}{<}} + H-H \longrightarrow H-\overset{H}{\underset{H}{C}}-\overset{H}{\underset{H}{C}}-H$$

Ethen   Wasserstoff   Ethan

Die Addition von Wasserstoff wird **Hydrierung** genannt. Als *Nachweis ungesättigter Kohlenwasserstoffe* dient die Entfärbung von Bromwasser. Dabei wird an die Doppelbindung Brom addiert.

$$\underset{H}{\overset{H}{>}}C=C\underset{H}{\overset{H}{<}} + |\overline{Br}-\overline{Br}| \longrightarrow H-\overset{|\overline{Br}|}{\underset{H}{C}}-\overset{H}{\underset{|\overline{Br}|}{C}}-H$$

Ethen   Brom   1,2-Dibromethan

Da die Reaktionsprodukte der Addition von Alkenen mit Halogenen ölige Substanzen sind, nannte man die Alkene auch *Olefine* („Ölbildner").

Polymerisation. Alkenmoleküle verbinden sich miteinander unter Aufhebung der Doppelbindung zu einem **Makromolekül.**
Die Polymerisation (s. obige Abb.) spielt bei der Produktion von Kunststoffen eine wichtige Rolle.

37.2.3 Alkine

Der einfachste Kohlenwasserstoff mit einer Dreifachbindung im Molekül ist das *Ethin* (Acetylen): $H-C\equiv C-H$.

Alkine bilden eine homologe Reihe mit der allgemeinen Summenformel C_nH_{2n-2}.

Addition. Als ungesättigter Kohlenwasserstoff kann Ethin auch Brom addieren. Wie Ethen entfärbt auch Ethin Bromwasser. Durch Addition an Ethin können wichtige Ausgangsstoffe für die chemische Industrie erzeugt werden.

Beispiele:

$$H-C\equiv C-H + HCl \longrightarrow \underset{H}{\overset{H}{>}}C=C\underset{Cl}{\overset{H}{<}}$$

Vinylchlorid für PVC

$$H-C\equiv C-H + H-OH \longrightarrow H-\overset{H}{\underset{H}{C}}-C\overset{O}{\underset{H}{<}}$$

Acetaldehyd für Synthesen

$$H-C\equiv C-H + H-CN \longrightarrow \underset{H}{\overset{H}{>}}C=C\underset{CN}{\overset{H}{<}}$$

Acrylnitril für Synthesefasern

Substitution. Im Gegensatz zu Alkenen können die Wasserstoffatome des Ethinmoleküls durch Silber- oder Kupfer-Ionen substituiert werden. Der Vorgang entspricht einer Salzbindung. Damit können Ethen und Ethin unterschieden werden.

$$H-C\equiv C-H + 2\,Ag^+ \longrightarrow Ag-C\equiv C-Ag + 2\,H^+$$

Silberacetylid

Löslichkeit. Ethin löst sich gut in Aceton zu sog. *Dissougas.* Als solches kann man es in Stahlflaschen gefahrlos handhaben, z. B. als Schweißgas.

Brennbarkeit. Ethin brennt mit stark rußender Flamme. Beim Schweißen zeigt sich der hohe Energieinhalt des Ethins; es werden Temperaturen bis 3100° C erreicht:

$$2\,H-C\equiv C-H + 5\,O_2 \longrightarrow 4\,CO_2 + 2\,H_2O$$

37. Kohlenwasserstoffe *Benzol, Benzolderivate*

37.3 Aromatische Kohlenwasserstoffe

37.3.1 Das Benzol

Die bekannteste *aromatische Verbindung* ist das *Benzol,* eine aromatisch riechende Flüssigkeit, die aus dem Steinkohlenteer gewonnen werden kann. Benzol ist ein gutes Lösemittel, doch gesundheitsschädlich; es ist eindeutig *krebserzeugend.* Das Benzolmolekül ist relativ stabil, obwohl das nach der Formel C_6H_6 nicht zu erwarten ist.

> Im Benzolmolekül bilden die sechs C-Atome ein regelmäßiges Sechseck; sie sind verhältnismäßig fest miteinander und mit je einem H-Atom verbunden.

oder abgekürzt:

Entgegen der Schreibweise liegen aber *keine echten Doppelbindungen* vor. Das Benzol reagiert auch nicht im Bromwasser wie Ethen. Die als Doppelbindungen gezeichneten Elektronen sind nämlich regelmäßig über das ganze Molekül verteilt. Dafür gibt es verschiedene Schreibweisen:

> Auf dieser *„Delokalisation"* der Elektronen beruht die Stabilität des Benzols.

Den tatsächlichen Bindungszustand des Benzols kann man mit einem Formelbild nicht exakt beschreiben. Man kann nur sog. Grenzstrukturen zeichnen.

> Die Erscheinung, daß ein Teilchen in mehreren, in Wirklichkeit aber nicht existierenden, Grenzstrukturen dargestellt werden kann, nennt man **Mesomerie.** Der tatsächliche Bindungszustand ist ein Zwischenzustand.

Kohlenwasserstoffe, deren Moleküle eine Elektronenverteilung wie das Benzol aufweisen, gehören zu den **aromatischen Verbindungen** (Aromaten).

Der (durch Mesomerie) stabile Charakter des Benzols läßt eine Substitution nur mit Katalysatoren zu:

Monobrombenzol

37.3.2 Benzolderivate

Die **Aromaten** sind eine weit verbreitete Stoffklasse von sehr großer Bedeutung. Ungefähr 30 % aller organischen Verbindungen sind **Aromaten.**
Toluol und **Xylol** leiten sich vom Benzol ab. Beide finden als organische Lösemittel Verwendung; das Toluol dient zur Herstellung des bekannten Sprengstoffes **TNT** (**Tri**nitro**t**oluol). TNT ist eine gelbe, kristalline Masse; seine Sprengkraft wird allgemein als Maßstab für die Sprengwirkung verwendet.

Toluol   Xylol   TNT

87

37. Kohlenwasserstoffe *Benzolderivate, Molekülstrukturen*

Das giftige **Anilin** ist eine farblose, ölige Flüssigkeit, die an der Luft braun wird. Dieser Stoff hat eine große historische Bedeutung und findet auch heute noch für zahlreiche Synthesen Verwendung (vor allem für Farbstoffe, aber auch Arzneimittel und Kunststoffe).

Anilin

Für die Kunststoffindustrie ist das benzolähnlich riechende **Styrol** von Bedeutung.

Styrol

Eine bekannte und wichtige aromatische Verbindung ist das **Naphthalin.** Es bildet glänzende, weiße Schuppen und besitzt einen charakteristisch süßlichen Geruch. Früher fand es als Mottenpulver Verwendung. Heute wird es in der Lack- und Schuhcremeindustrie eingesetzt, und findet Verwendung in der Farbstoff- und Arzneimittelherstellung.

Naphthalin

37.4 Molekülstrukturen bei Kohlenwasserstoffen

37.4.1 Alkane

> Die vier Einfachbindungen eines Kohlenstoffatoms sind in die vier Ecken eines Tetraeders gerichtet.

Jedes Bindungspaar im Tetraeder bildet einen Winkel von 109,5°.

Die übliche Schreibweise (Kap. 37.1.) bringt dies nicht zum Ausdruck. Betrachten wir das Propanmolekül, so ergibt sich ein *gewinkeltes Molekül:*

Ab dem Butan bilden in der homologen Reihe die Alkanmoleküle eine Zickzackkette. Der Ausdruck „geradkettig" ist mißverständlich; gemeint ist dabei eine *unverzweigte* Molekülkette.
Bei ringförmigen Alkanen (Cycloalkane) ist der Tetraederwinkel auch vorhanden. Wegen der freien Drehbarkeit der Einfachbindungen gibt es verschiedene Grundformen von **cyclischen Molekülen.**

Beispiel:

a = axiale CH-Bindungen
e = äquatoriale CH-Bindungen

Sesselformen des Cyclohexans

Wannenform des Cyclohexans

Beim 1,2,3,4,5,6-Hexachlorcyclohexan (HCH) gibt es 5 verschiedene Isomere. Entscheidend dafür ist, ob das Cl-Atom eine axiale (a) oder äquatoriale (e) Lage zur Ringebene einnimmt. HCH ist ein bekanntes Insektizid. Von den fünf Isomeren ist aber nur das γ-HCH gegen Insek-

37. Kohlenwasserstoffe *Molekülstrukturen*

ten wirksam, ein Beispiel für die Bedeutung der Struktur für die Eigenschaft einer Verbindung.

γ-HCH

37.4.2 Alkene

Das Ethenmolekül ist ein *planares* (ebenes) Molekül. Die beiden H-Atome an einem C-Atom bilden einen Winkel von 120°.

Die Doppelbindung verhindert die Drehung des Moleküls um die Bindungsachse. Das ist der Grund für die sog. **cis-trans-Isomerie.**

Beispiel: 1,2-Dichlorethen

cis-1,2-Dichlorethen
Siedepunkt 60° C

trans-1,2-Dichlorethen
Siedepunkt 47° C

Liegen die beiden Cl-Atome benachbart, nennt man das die **cis**-Stellung. Stehen sie sich gegenüber, befinden sie sich in **trans**-Stellung.

37.4.3 Aromaten

Die Struktur des Benzolmoleküls wurde in Kap. 37.3.1 besprochen. Wegen der Gleichartigkeit der Bindungen gibt es nur *drei verschiedene* Verbindungen, wenn zwei Wasserstoffatome im Benzol substituiert sind.

Beispiel:

o-Xylol

m-Xylol

p-Xylol

Die Stellung von zwei Substituenten wird mit **ortho** (o), **meta** (m), **para** (p) bezeichnet.

o-Xylol, m-Xylol und p-Xylol sind drei Isomere. Sie unterscheiden sich in der Stellung der CH_3-Gruppe. Die Tatsache, daß es immer nur drei Isomere gibt, wenn zwei Substituenten im Benzolmolekül gebunden sind, gilt als ein Beweis (andere Beweise werden hier nicht angeführt) für die Gleichartigkeit der CC-Bindungen im Benzolmolekül (Kap. 37.3.1). Würden echte Doppelbindungen und Einfachbindungen im Benzolmolekül abwechseln, müßten vier Isomere – je nach Stellung der CH_3-Gruppen – bei Xylol auftreten. Das aber ist nicht der Fall. Das Benzolmolekül ist im Gegensatz zum ebenfalls ringförmigen Cyclohexanmolekül ein planares Molekül. Nur bei den Substituenten, z. B. der Methylgruppe des Xylols, wirkt sich der Tetraederwinkel, wie bei den Alkanen besprochen, aus.

37.5 Fossile Energieträger

Kohlenwasserstoffe haben als fossile Energieträger große technische Bedeutung. Das sind gasförmige, flüssige oder feste Brennstoffe, die aus abgestorbenen Lebewesen früherer Erdperioden entstanden sind. **Erdgas** besteht hauptsächlich aus Methan (S. 83). **Erdöl** ist ein Vielstoffgemisch, das im wesentlichen aus **Alkanen** (S. 83) zusammengesetzt ist. **Kohle** besteht aus einer Vielzahl aromatischer Kohlenwasserstoffe (S. 87). Neben Kohlenstoff und Wasserstoff sind zu einem geringen Anteil auch noch andere Elemente am Aufbau der Verbindungen des Erdöls und der Kohle beteiligt, z. B. Schwefel. Deshalb enthalten ihre Verbrennungsgase das Umweltgift Schwefeldioxid (S. 77).

89

38. Funktionelle Gruppen

38.1 Begriffsklärung

Kohlenwasserstoffe zeigen die in Kap. 36 beschriebenen Eigenschaften. Dies ändert sich, sobald ein oder einige wenige H-Atome durch ein anderes Atom oder eine Atomgruppe ersetzt werden.

> Solche Atome oder Atomgruppen nennt man **funktionelle Gruppen,** weil sie den Molekülen, in die sie eingebaut sind, ganz bestimmte Eigenschaften („Funktionen") verleihen.

Es kommt vor, daß in einem Molekül auch verschiedene Gruppen gebunden sind. Die folgenden Beispiele zeigen wichtige Stoffklassen der Organischen Chemie. Um sich in der Sprache der Organischen Chemie zurechtzufinden, muß man sich diese Namen merken. Der in der allgemeinen Formel gebrauchte Buchstabe **R** symbolisiert einen Kohlenwasserstoffrest.

38.2 Stoffklassen und ihre funktionelle Gruppe

Klasse	funktionelle Gruppe	Allgemeine Formel	Beispiel
Alkylhalogenide	$-Cl, -Br, -I$	$R-Cl, R-Br, R-I$	CH_3Cl
Alkohole	$-OH$	$R-OH$	C_2H_5OH
Ether	$-O-$	$R-O-R$	$C_2H_5-O-C_2H_5$
Amine	$-NH_2$	$R-NH_2$	CH_3-NH_2
Aldehyde	$-C\overset{\displaystyle O}{\underset{\displaystyle H}{}}$	$R-C\overset{\displaystyle O}{\underset{\displaystyle H}{}}$	$CH_3-C\overset{\displaystyle O}{\underset{\displaystyle H}{}}$
Ketone	$-\overset{O}{\overset{\|}{C}}-$	$R-\overset{O}{\overset{\|}{C}}-R$	$CH_3-\overset{O}{\overset{\|}{C}}-CH_3$
Carbonsäuren	$-C\overset{\displaystyle O}{\underset{\displaystyle OH}{}}$	$R-C\overset{\displaystyle O}{\underset{\displaystyle OH}{}}$	$CH_3-C\overset{\displaystyle O}{\underset{\displaystyle OH}{}}$
Ester	$-\overset{O}{\overset{\|}{C}}-O-$	$R-\overset{O}{\overset{\|}{C}}-OR'$	$CH_3-\overset{O}{\overset{\|}{C}}-OC_2H_5$
Nitrile	$-C\equiv N$	$R-C\equiv N$	$CH_3-C\equiv N$
Sulfone	$-SO_2-$	$R-SO_2-R'$	$CH_3-SO_2-CH_3$
Sulfonsäuren	$-SO_2-OH$	$R-SO_2-OH$	CH_3-SO_2-OH

39. Alkohole, Ether, Phenole

39.1 Eigenschaften der Hydroxylgruppe

> Die funktionelle Gruppe der Alkohole ist die OH-Gruppe, sie wird **Hydroxylgruppe** genannt.

Sie darf nicht mit dem OH⁻-Ion der *Metallhydroxide* verwechselt werden.

Die Alkohole werden international durch Anfügen der Endung **-ol** an den Namen des entsprechenden Alkans bezeichnet. Man kann auch an den Namen des betreffenden Alkyls (Kap. 37.1.1) **-alkohol** anfügen.
Im Gegensatz zum Hydroxid-Ion (OH⁻) der Laugen verursacht sie keine alkalische Reaktion, da sie keine ionische Gruppe ist.

> Beachte die Bezeichnungen Hydroxylgruppe und Hydroxid-Ion!
> Der Wasserstoff der Hydroxylgruppe ist durch Metalle ersetzbar. Dabei entsteht eine salzartige Verbindung, ein **Alkoholat**.

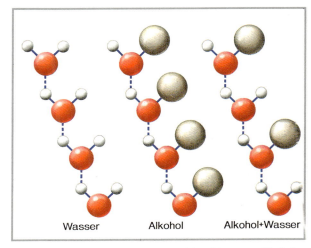

grau: *Alkylrest*   unterbrochene Linie: *Wasserstoffbrücke*
rot: *Sauerstoffatom*   weiß: *Wasserstoffatom*

Beispiel:

$$2\,CH_3-CH_2OH + 2\,Na \longrightarrow 2\,CH_3-CH_2O^-Na^+ + H_2$$

Das Alkoholat reagiert in Wasser zu Alkohol und zum entsprechenden Metallhydroxid.
Wie Wassermoleküle werden Alkoholmoleküle durch **Wasserstoffbrücken** (Kap. 28.3.3) zusammengehalten.

Name	Strukturformel	Kugelmodell	Smp. °C	Sdp. °C
Methanol Methylalkohol	H–C(H)(H)–O–H		− 97,8	64,7
Ethanol Ethylalkohol	H–C(H)(H)–C(H)(H)–O–H		−114,2	78,4
Propanol Propylalkohol	H–C(H)(H)–C(H)(H)–C(H)(H)–O–H		−126	97,2

39. Alkohole *Einteilung*

Darauf beruht der relativ hohe Siedepunkt der Alkohole und die gute Wasserlöslichkeit der niederen Alkohole.

Niedere Alkohole nennt man Alkohole mit 1 bis 5 C-Atome, darauf folgen mittlere und dann höhere Alkohole. Eine genaue Grenze zieht man hier nicht.

39.2 Einteilung der Alkohole

39.2.1 Nach der Stellung der Hydroxylgruppe

Beim n-Butan (Kap. 37.2) kann eine Hydroxylgruppe am C$_1$-Atom oder am C$_2$-Atom gebunden sein. Beim i-Butan gibt es noch eine weitere Möglichkeit der Bindung, nämlich bei C$_2$, das die drei CH$_3$-Gruppen bindet.

primäres Butanol
(= Butanol-1)

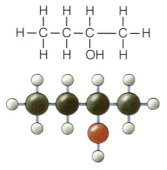

sekundäres Butanol
(= Butanol-2)

tertiäres Butanol
(= 2-Methylpropanol-2)

Die Stellung der OH-Gruppe wird international durch Anfügen der Nummer des C-Atoms, an das sie gebunden ist, angegeben.

> Nach der Bindung der Hydroxylgruppe an der Kohlenwasserstoffkette unterscheidet man **primäre, sekundäre, tertiäre Alkohole.**

Primärer Alkohol. Das C-Atom, das die Hydroxylgruppe trägt, ist mit keinem oder nur einem C-Atom verbunden. Bei der milden Oxidation eines primären Alkohols entsteht ein Aldehyd.

Beispiel:

Ethanol ⟶ Cu + H$_2$O + Acetaldehyd

Mit Hilfe von Platin als Katalysator kann Ethanol auch in Acetaldehyd verwandelt werden. Weil dabei Wasserstoff abgespalten (dehydriert) wird, nannte Liebig die Verbindung Acetaldehyd (**al**coholus **dehyd**rogenatus).

$$C_2H_5OH \xrightarrow{Pt} CH_3CHO + 2\,H$$

39. Alkohole *Ether*

Sekundärer Alkohol. An das C-Atom, das die OH-Gruppe trägt, sind zwei C-Atome gebunden. Bei der milden Oxidation eines sekundären Alkohols entsteht ein Keton.

Beispiel:

$$H-\overset{\overset{\displaystyle H}{|}}{\underset{\underset{\displaystyle H}{|}}{C}}-\overset{\overset{\displaystyle H}{|}}{\underset{\underset{\displaystyle OH}{|}}{C}}-\overset{\overset{\displaystyle H}{|}}{\underset{\underset{\displaystyle H}{|}}{C}}-H \;+\; <O>$$

Propanol-2

$$\longrightarrow\; H-\overset{\overset{\displaystyle H}{|}}{\underset{\underset{\displaystyle H}{|}}{C}}-\overset{\overset{\displaystyle }{||}}{\underset{\underset{\displaystyle O}{}}{C}}-\overset{\overset{\displaystyle H}{|}}{\underset{\underset{\displaystyle H}{|}}{C}}-H \;+\; H_2O$$

Propanon (= Aceton), Dimethylketon

Tertiärer Alkohol. An das C-Atom, das die OH-Gruppe trägt, sind drei C-Atome gebunden. Tertiäre Alkohole widerstehen einer milden Oxidation. Bei starker Oxidation (z. B. Verbrennung) bilden sie wie alle Alkohole Kohlenstoffdioxid und Wasser.

39.2.2 Nach der Zahl der Hydroxylgruppen

Nach der *Erlenmeyer-Regel* sind zwei OH-Gruppen an einem C-Atom im allgemeinen nicht existenzfähig. In einem Alkoholmolekül können aber an mehreren verschiedenen C-Atomen OH-Gruppen gebunden sein.

> Man unterscheidet danach einwertige, zweiwertige, dreiwertige, ... mehrwertige Alkohole. Die Wertigkeit entspricht der Zahl der OH-Gruppen.

Beispiele:

$$H-\overset{\overset{\displaystyle H}{|}}{\underset{\underset{\displaystyle OH}{|}}{C}}-\overset{\overset{\displaystyle H}{|}}{\underset{\underset{\displaystyle OH}{|}}{C}}-H$$

Glycol, Ethandiol

$$H-\overset{\overset{\displaystyle H}{|}}{\underset{\underset{\displaystyle OH}{|}}{C}}-\overset{\overset{\displaystyle H}{|}}{\underset{\underset{\displaystyle OH}{|}}{C}}-\overset{\overset{\displaystyle H}{|}}{\underset{\underset{\displaystyle OH}{|}}{C}}-H$$

Glycerin, Propantriol

Glycol und Glycerin haben in der Technik Verwendung, z. B. als Feuchthaltemittel, Lösemittel, Frostschutzmittel.
Die Gewinnung von *„Nitroglycerin"* (vgl. S. 103) als Sprengstoff, die Alfred Nobel 1866 entdeckt hat, spielt heute nur noch eine geringe Rolle.

39.3 Ether

> Im **Ethermolekül** sind beide Bindungen eines Sauerstoffatoms mit Alkylgruppen verbunden: R—O—R'. Im Gegensatz zu Alkoholen können Ethermoleküle keine Wasserstoffbrücken ausbilden.

Darauf beruhen ihr relativ niedriger Siedepunkt, ihre geringe Dichte und die weitgehende Unlöslichkeit in Wasser. Die chemische Reaktionsfähigkeit der Ether ist gering. Allerdings bildet Ether an Luft mit Sauerstoff hochexplosive Etherperoxide.
Der bekannteste Ether ist der *Diethylether,* $C_2H_5-O-C_2H_5$. Er ist hochentzündlich, seine Dämpfe wirken narkotisierend; deshalb wurde er früher als Narkosemittel verwendet.

39.4 Aromatische Hydroxylverbindungen

39.4.1 Benzylalkohol

Der einfachste aromatische Alkohol ist der *Benzylalkohol.*
Es ist eine angenehm riechende Flüssigkeit mit nur geringer Wasserlöslichkeit. Die hydrophile (wasserfreundliche) Hydroxylgruppe wird vom hydrophoben (wasserfeindlichen) Benzolkern in ihrer Funktion zurückgedrängt.

$$CH_2OH$$

39.4.2 Phenole

> **Phenole** sind aromatische Kohlenwasserstoffe, in denen ein oder mehrere Wasserstoffatome des Benzols durch Hydroxylgruppen ersetzt sind. Nach der Zahl der OH-Gruppen am Benzolkern unterscheidet man zwei- und dreiwertige Phenole.

39. Alkohole *Phenole*

Das Phenol. Phenol ist ein eigenartig riechender Feststoff, der sich nur wenig in Wasser löst. Auch hier bestimmt der Benzolkern die Löslichkeit. Die wäßrige Lösung reagiert schwach sauer *("Carbolsäure")*. Das Wasserstoffatom der Hydroxylgruppe ist leichter als bei Ethanol durch Metall ersetzbar. Dabei entsteht ein **Phenolat**.

Phenol   Natriumphenolat

Die Wasserstoffatome im Benzolkern des Phenols können leicht substituiert werden.

Pentachlorphenol. (PCP), ein Holzschutzmittel, das wegen seiner Giftigkeit nicht mehr angewendet werden darf.

Pikrinsäure. (2,4,6-Trinitrophenol) ist ein hellgelber Feststoff. Er ist giftig und explosiv. Die wäßrige Lösung reagiert sauer.

Der pK_s-Wert (Seite 71) der Pikrinsäure ist 1,02. Damit erweist sie sich als relativ starke Säure. Ihren Namen verdankt sie dem bitteren Geschmack (pikros = bitter).

Zweiwertige Phenole. Es gibt drei Isomere des zweiwertigen Phenols.

Brenzcatechin   Resorcin   Hydrochinon

Die zwei OH-Gruppen am Benzolkern verursachen bereits eine gute Wasserlöslichkeit.

Dreiwertige Phenole. Es gibt drei Isomere des dreiwertigen Phenols.

Pyrogallol   Phloroglucin   Hydroxyhydrochinon

Auch die dreiwertigen Phenole lösen sich gut in Wasser infolge der hydrophilen Wirkung der Hydroxylgruppen.
Bei der Herstellung von Chlorphenolen können als Nebenprodukt **„Dioxine"** entstehen, von denen das 2,3,7,8-Tetrachlordibenzo-*p*-dioxin am giftigsten ist.

2,3,7,8-Tetrachlordibenzo-*p*-dioxin (Dioxin)

Es kann bei der Verbrennung von chlorhaltigen organischen Verbindungen entstehen und ist 500mal giftiger als Strychnin!

40. Aldehyde und Ketone

40.1 Aldehyde

> **Aldehyde** sind Oxidationsprodukte primärer Alkohole. Ihre funktionelle Gruppe ist
>
> $$-C\!\!\underset{H}{\overset{\displaystyle =O}{\big|}} = -CHO$$
>
> Die internationale Bezeichnung ist *Alkanale*. Sie bilden eine homologe Reihe. Die einzelnen Glieder werden durch Anfügen der Endung **-al** an den entsprechenden Kohlenwasserstoff bezeichnet.

Beispiele:

$H-CHO$ = Methanal (Formaldehyd),
CH_3-CHO = Ethanal (Acetaldehyd),
CH_3-CH_2-CHO = Propanal (Propionaldehyd).

Die niederen Aldehyde sind wasserlöslich. Die wäßrige Lösung von Formaldehyd ist als *Formalin* bekannt. Die funktionelle Gruppe macht die Aldehyde zu reaktionsfähigen Verbindungen.

Redoxreaktionen. Aldehyde werden von Cu^{2+}-Ionen oxidiert und diese zu rotem Kupfer (I)-oxid, Cu_2O, reduziert. Das ist das Prinzip der **Fehling-Probe.**

Ag^+-Ionen werden von Aldehyden zu elementarem Silber reduziert. Das ist das Prinzip der **Silberspiegel-Probe.**

$$2\,Ag^+ + 2\,OH^- + CH_3CHO \longrightarrow$$
$$2\,Ag + H_2O + CH_3COOH$$

Additionsreaktionen. Bei Aldehyden ist Addition an die $-CHO$-Gruppe besonders ausgeprägt.

Beispiel: Hydrierung

Acetaldehyd   Ethylalkohol
Ethanal   Ethanol

Polymerisationsreaktionen. Aldehyde neigen zu Polymerisationsreaktionen. Dabei können kettenförmige oder ringförmige Moleküle entstehen.

Beispiel:

Methanal

Polymethanal

Kondensationsreaktionen. Formaldehyd reagiert mit Phenolen unter Kondensation zu Kunstharzen, einer wichtigen Gruppe von Kunststoffen.

> **Kondensation** ist die Vereinigung von einzelnen Molekülen zu einem größeren Molekül unter Abspaltung eines kleinen Moleküls.

40.2 Ketone

> **Ketone** sind Oxidationsprodukte sekundärer Alkohole. Ihre funktionelle Gruppe ist
>
> $$-C\!\!\overset{\displaystyle O}{\underset{\displaystyle \|}{}}-$$
>
> International werden sie *Alkanone* bezeichnet. Die Namen der einzelnen Glieder enden mit **-on** oder **-keton.**

Sie sind weniger reaktionsfähig als Aldehyde, sie polymerisieren nicht und lassen sich nicht so leicht oxidieren. Deshalb zeigen sie keine Fehling-Probe und keine Silberspiegel-Probe. Das bekannteste Keton ist das Aceton (Propanon, Dimethylketon):

41. Carbonsäuren

41.1 Gesättigte Monocarbonsäuren

41.1.1 Die homologe Reihe der Mono-carbonsäuren

> **Monocarbonsäuren** tragen als funktionelle Gruppe nur **eine** Carboxylgruppe $-C\overset{\displaystyle O}{\underset{\displaystyle OH}{}}$ an einem Alkanrest. Ihre allgemeine Formel ist $C_nH_{2n+1}COOH$. Ihre internationale Bezeichnung ist **Alkansäuren.** Zur Bezeichnung fügt man an das entsprechende Alkan die Endung **-säure.** Bei einigen Carbonsäuren sind noch überlieferte Namen gebräuchlich.

Weil einige Carbonsäuren Bestandteile von Fetten sind, werden sie auch **Fettsäuren** genannt. In der Tabelle sind die genannten Trivialnamen angegeben. Für Essigsäure ist z. B. der internationale Name *Ethansäure* oder *Ethancarbonsäure.*

41.1.2 Eigenschaften

Die Eigenschaften der niederen Carbonsäuren werden von der Carboxylgruppe bestimmt, bei den höheren überwiegt der Einfluß des Alkanrestes. Niedere Carbonsäuren sind im Gegensatz zu höheren deshalb wasserlöslich; sie reagieren in Wasser sauer.

Beispiel:

$$CH_3COOH \rightleftharpoons CH_3COO^- + H^+$$

Die höheren Carbonsäuren zeigen ihre Säureeigenschaften bei der Neutralisation mit starken Basen. Die dabei entstehenden Salze sind **Seifen.**

Beispiel:

$$C_{17}H_{35}COOH + NaOH \longrightarrow C_{17}H_{35}COO^-Na^+ + H_2O$$

41.2 Ungesättigte Monocarbonsäuren

> Bei ungesättigten Monocarbonsäuren hängt die Carboxylgruppe an einem Kohlenwasserstoffrest mit einer oder mehreren Doppelbindungen. Die internationale Bezeichnung ist **Alkensäuren.** Auch hier sind noch überlieferte Namen im Gebrauch.

Die Beispiele der Tabelle S. 97 zeigen, daß bei ungesättigten Carbonsäuren ein Zusammenhang zwischen Aggregatzustand und Zahl der Doppelbindungen besteht.
Einige ungesättigte Carbonsäuren sind für den menschlichen Körper lebenswichtig, z. B. Linolsäure, Linolensäure. Sie werden **essentielle Fettsäuren** genannt (s. S. 105).

Beispiel für Alkansäuren:

Name	Formel	Schmp. °C	Sdp. °C	Salzname
Ameisensäure	$HCOOH$	+ 8	+101	Formiat
Essigsäure	CH_3COOH	+17	+118	Acetat
Propionsäure	CH_3CH_2COOH	−21	+141	Propionat
n-Buttersäure	$CH_3(CH_2)_2COOH$	− 5	+165	Butyrat
Palmitinsäure	$CH_3(CH_2)_{14}COOH$	+63	+350	Palmitat
Stearinsäure	$CH_3(CH_2)_{16}COOH$	+71	+359	Stearat

41. Carbonsäuren *Dicarbon-, Aromatische und Halogencarbonsäuren*

Beispiele für Alkensäuren:

Formel	Name	Schmp
$CH_2=CH-COOH$	Acrylsäure	12,3 °C
$H_3C-(CH_2)_7-CH=CH-(CH_2)_7-COOH$	Ölsäure	13,2 °C
$H_3C-(CH_2)_4-CH=CH-CH_2-CH=CH-(CH_2)_7-COOH$	Linolsäure	− 9,5 °C
$H_3C-CH_2-CH=CH-CH_2-CH=CH-CH_2-CH=CH-(CH_2)_7-COOH$	Linolensäure	−80 °C

41.3 Dicarbonsäuren

Wenn an einen Kohlenwasserstoffrest zwei Carboxylgruppen gebunden sind, handelt es sich um eine Dicarbonsäure.

Beispiele:

COOH   COOH CH_2COOH CH_2CH_2COOH
| CH_2 | |
COOH   COOH CH_2COOH CH_2CH_2COOH

Oxalsäure   Malonsäure   Bernsteinsäure   Adipinsäure

Ist der Kohlenwasserstoffrest ungesättigt, kommt es zur *cis-trans-Isomerie.*

Beispiele:

CH−COOH   CH−COOH
‖   ‖
CH−COOH   HOOC−CH

Maleinsäure   Fumarsäure
cis-Stellung   *trans*-Stellung

41.4 Aromatische Carbonsäuren

Wenn ein oder mehrere Wasserstoffatome im Benzolmolekül durch Carboxylgruppen ersetzt sind, erhält man **aromatische Carbonsäuren.** Wegen des Einflusses des Benzolrestes sind die Verbindungen wasserunlöslich.

Beispiele:

Benzoesäure   Phthalsäure   Terephthalsäure

41.5 Substituierte Carbonsäuren

Bei Carbonsäuren können ein oder mehrere Wasserstoffatome im Kohlenwasserstoffrest, der die Carboxylgruppe trägt, durch funktionelle Gruppen ersetzt werden. Dadurch entstehen Säuren mit besonderen Eigenschaften. Die Stellung der funktionellen Gruppe wird, ausgehend vom C-Atom, das die Carboxylgruppe trägt, mit α, β, γ, ... bezeichnet. Die Stellung der funktionellen Gruppe kann auch – ausgehend vom C-Atom, das die Carboxylgruppe trägt – mit 1, 2 ... bezeichnet werden.

41.5.1 Halogencarbonsäuren

Bei Halogencarbonsäuren sind ein oder mehrere Wasserstoffatome durch Halogenatome ersetzt. Sie haben eine größere Säurestärke als unsubstituierte Carbonsäuren.

Beispiele:

Säure	Formel	pK_s-Wert
Essigsäure	CH_3COOH	4,76
Monochloressigsäure	$CH_2ClCOOH$	2,86
Dichloressigsäure	$CHCl_2COOH$	1,29
Trichloressigsäure	CCl_3COOH	0,65

Die **Zunahme der Säurestärke,** wie dies die pK_s-Werte der Chloressigsäuren zeigen, beruht auf den Halogenatomen, die Elektronen stärker anziehen als C-Atome. Dadurch wird die Abspaltung des H^+-Ions erleichtert.

97

41. Carbonsäuren *Substituierte Carbonsäuren*

41.5.2 Hydroxycarbonsäuren

> Bei diesen Säuren ist ein H-Atom des Kohlenwasserstoffrestes durch eine Hydroxylgruppe ersetzt.

Beispiele:

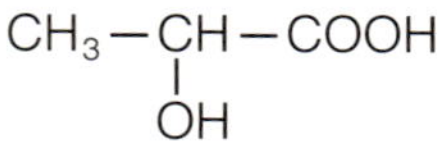

$$CH_3-CH-COOH$$
$$\quad\quad\quad |$$
$$\quad\quad\quad OH$$

Milchsäure

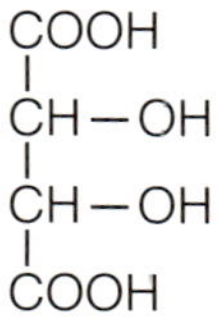

$$COOH$$
$$|$$
$$CH-OH$$
$$|$$
$$CH-OH$$
$$|$$
$$COOH$$

Weinsäure

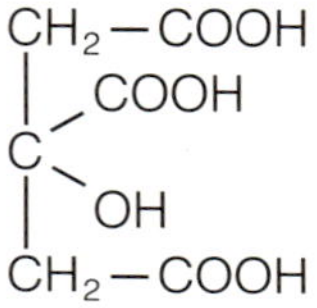

$$CH_2-COOH$$
$$|$$
$$C-COOH$$
$$|\quad OH$$
$$CH_2-COOH$$

Citronensäure

$$COOH$$
$$OH$$ (am Benzolring)

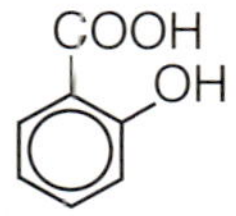

Salicylsäure

Die Hydroxylgruppe erhöht die Wasserlöslichkeit, so daß die aromatische Salicylsäure sich besser in Wasser löst als die aromatische Benzoesäure (Kap. 41.4).

41.5.3 Ketocarbonsäuren

> Die bekannteste Ketocarbonsäure ist die *Brenztraubensäure,* die α-Ketopropansäure,
>
> $$CH_3-C-COOH$$
> $$\quad\quad\ \ ||$$
> $$\quad\quad\ \ O$$

Sie ist wasserlöslich und spielt beim Abbau von Fetten und Kohlenhydraten im Körper eine zentrale Rolle.
Das Anion der Brenztraubensäure, das beim Lösen entsteht, wird *Pyruvat-Ion* genannt.
Wie Halogencarbonsäuren haben auch Hydroxycarbonsäuren und Ketocarbonsäuren eine größere Säurestärke als die entsprechenden unsubstituierten Carbonsäuren, z.B. Brenztraubensäure $pK_S = 2,49$, Propansäure $pK_S = 4,86$.

41.5.4 Aminocarbonsäuren

Bei Aminocarbonsäuren (Aminosäuren) ist ein Wasserstoffatom durch eine Aminogruppe ersetzt.

Beispiel:

α-Aminopropansäure $CH_3-\overset{\alpha}{C}H-COOH;$
(Alanin) $\quad\quad\quad\quad\quad\quad\ |$
$\quad\quad\quad\quad\quad\quad\ NH_2$

β-Aminopropansäure $H_2N-\overset{\beta}{C}H_2-\overset{\alpha}{C}H_2-COOH$

Da die Aminogruppe basisch, die Carboxylgruppe sauer reagiert, kann eine innermolekulare Neutralisation eintreten; dabei entsteht ein **Zwitterion:**

$$R-C\!\!\overset{NH_2}{\underset{COOH}{\overset{|}{-}H}} \rightleftharpoons R-C\!\!\overset{NH_3^+}{\underset{COO^-}{\overset{|}{-}H}}$$

Zwitterion

Aminosäuren sind kristalline Substanzen, die sowohl mit Säuren wie mit Laugen Salze bilden. Man nennt sie deshalb **Ampholyte** oder **amphotere Verbindungen.**

Ampholytisches Verhalten von Aminosäuren

Aminosäure als Base:

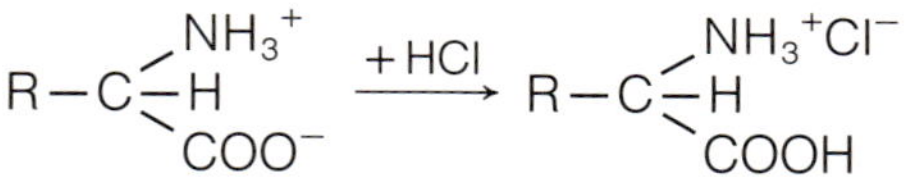

$$R-C\!\!\overset{NH_3^+}{\underset{COO^-}{\overset{|}{-}H}} \xrightarrow{+ HCl} R-C\!\!\overset{NH_3^+Cl^-}{\underset{COOH}{\overset{|}{-}H}}$$

Kation, wandert in saurer Lösung an die Kathode

Aminosäure als Säure:

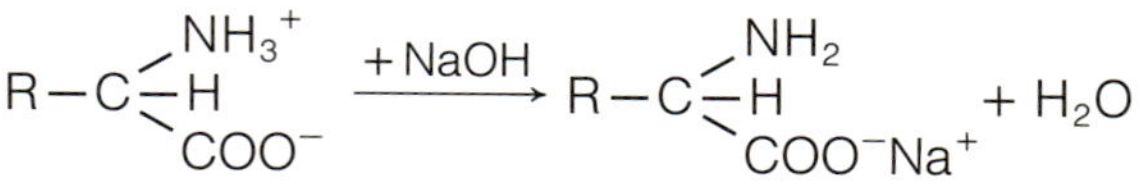

$$R-C\!\!\overset{NH_3^+}{\underset{COO^-}{\overset{|}{-}H}} \xrightarrow{+ NaOH} R-C\!\!\overset{NH_2}{\underset{COO^-Na^+}{\overset{|}{-}H}} + H_2O$$

Anion, wandert in basischer Lösung an die Anode

Die größte Bedeutung der α-Aminosäuren liegt darin, daß zwanzig von ihnen Bausteine von **Eiweiß** sind.
Die in der Natur verbreiteten Aminosäuren haben alle Kurzbezeichnungen.

41. Carbonsäuren *Aminosäuren*

α-Aminosäuren im Eiweiß (mit drei- und einbuchstabigen Kurzbezeichnungen)

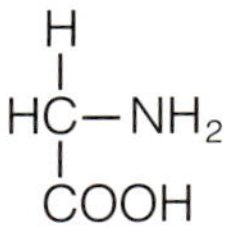

Glycin
(Gly, G)

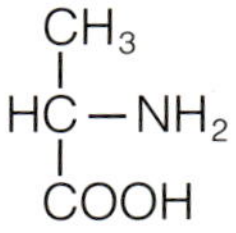

Alanin
(Ala, A)

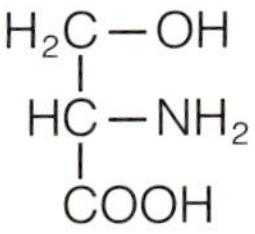

Serin
(Ser, S)

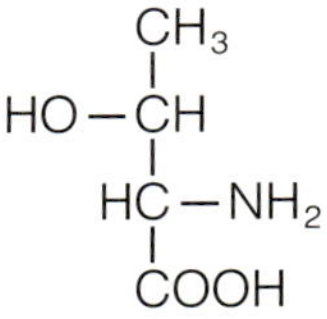

Threonin*
(Thr, T)

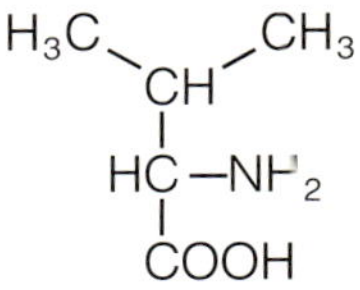

Valin*
(Val, V)

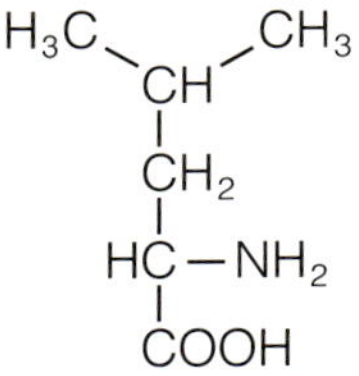

Leucin*
(Leu, L)

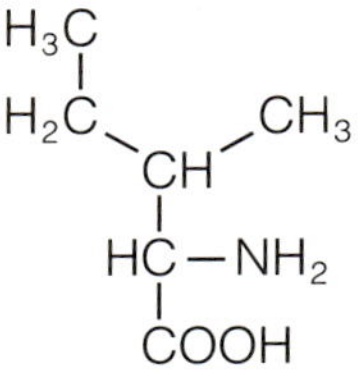

Isoleucin*
(Ile, I)

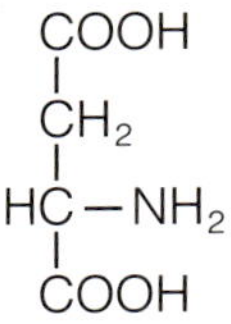

Asparagin-
säure
(Asp, D)

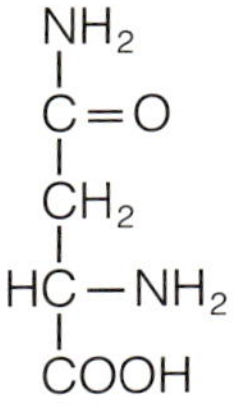

Asparagin
(Asn, N)

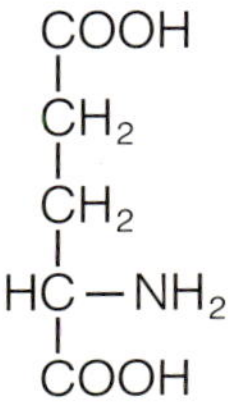

Glutaminsäure
(Glu, E)

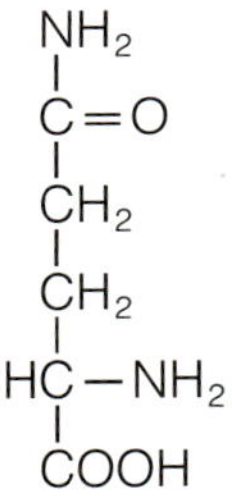

Glutamin
(Gln, Q)

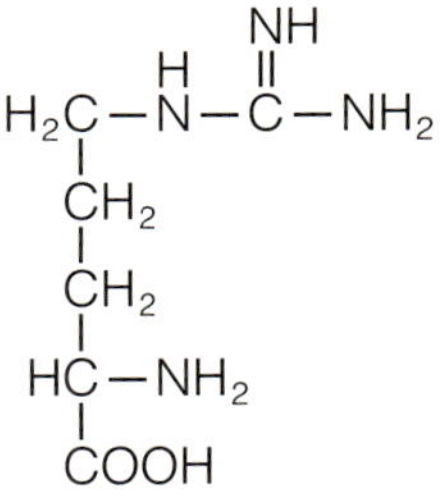

Arginin*
(Arg, R)

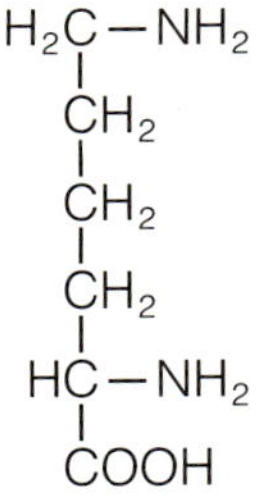

Lysin*
(Lys, K)

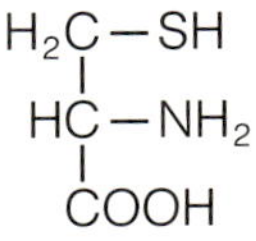

Cystein
(Cys, C)

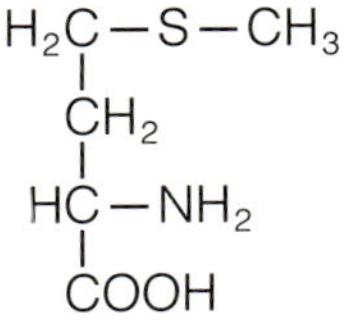

Methionin*
(Met, M)

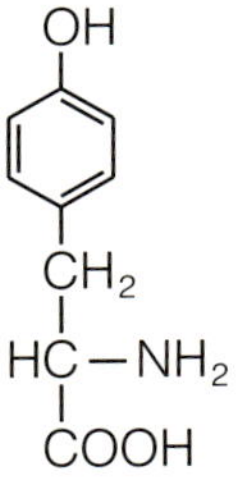

Tyrosin
(Tyr, Y)

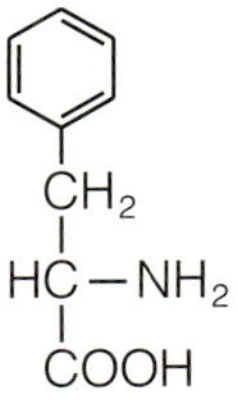

Phenylalanin*
(Phe, F)

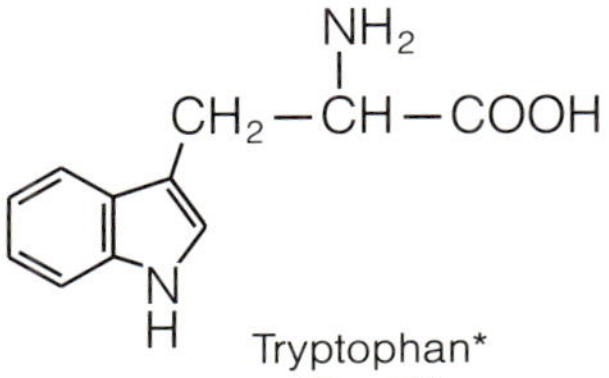

Tryptophan*
(Trp, W)

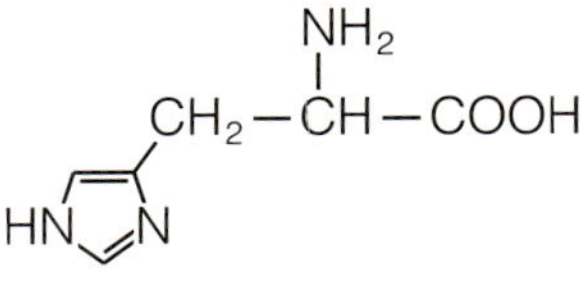

Histidin*
(His, H)

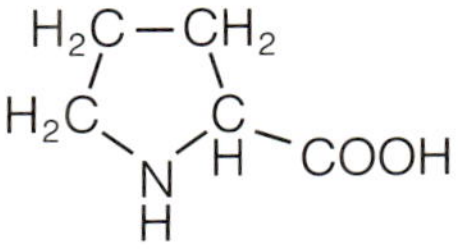

Prolin
(Pro, P)

---

* = essentielle Aminosäuren

42. Amine

42. Amine

> **Amine** leiten sich von Ammoniak ab. Dabei können die H-Atome des NH$_3$-Moleküls durch Alkylgruppen ersetzt werden oder die NH$_2$-Gruppe ist direkt mit dem Benzolkern verbunden.

Geringe Mengen von Aminen finden sich in bestimmten Lebensmitteln (z. B. einigen Gemüsesorten, Käsesorten). Dies ist problematisch, weil Nitrit (NO$_2^-$) (aus Pökelsalz oder durch Reduktion von NO$_3^-$) mit sekundären Aminen krebserzeugende Nitrosamine bilden kann.

42.1 Aliphatische Amine

Durch schrittweise Substitution der H-Atome des NH$_3$-Moleküls entstehen:

H$_3$C—NH$_2$ (H$_3$C)$_2$NH   (H$_3$C)$_2$N—CH$_3$

primäres Amin   sekundäres Amin   tertiäres Amin

Durch Reaktion von Alkylhalogenid mit Aminen entsteht eine quartäre (quaternäre) Ammoniumverbindung.

Beispiel:

(CH$_3$)$_3$N + CH$_3$Cl ⟶ (CH$_3$)$_4$N$^+$Cl$^-$
Tetramethylammoniumchlorid

Methyl- und Ethylamine sind gasförmig, die meisten anderen Amine sind brennbare Flüssigkeiten. Methylamine finden sich in Holzessig und Heringslake (Geruch von Trimethylamin).

42.2 Aromatische Amine

> Das bekannteste aromatische Amin ist **Anilin**. Davon lassen sich ein sekundäres und ein tertiäres Amin ableiten.

C$_6$H$_5$—NH$_2$ C$_6$H$_5$—NHCH$_3$ C$_6$H$_5$—N(CH$_3$)$_2$

Anilin (primär)   N-Methylanilin (sekundär)   N,N-Dimethylanilin (tertiär)

Anilin bildet mit starken Mineralsäuren Salze.

Beispiel:

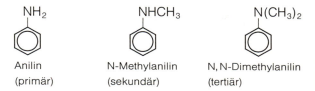

Anilin + Salzsäure ⟶ Aniliniumchlorid

Beispiel: Herstellung von Anilingelb

Diazotierung: [C$_6$H$_5$—NH$_3$]$^+$ Cl$^-$ + HNO$_2$ ⟶ [C$_6$H$_5$—N≡N]$^+$ Cl$^-$ + 2 H$_2$O

Benzoldiazoniumchlorid

Kupplung: [C$_6$H$_5$—N≡N]$^+$ Cl$^-$ + C$_6$H$_5$—NH$_2$ ⟶ C$_6$H$_5$—N=N—C$_6$H$_4$—NH$_2$ + HCl

gelber Farbstoff
p-Aminoazobenzol, „Anilingelb"

Durch die Wahl der Kupplungskomponente können verschiedene Farbstoffe erzeugt werden.

43. Seifen, Tenside

Anilin wurde zum Ausgangsstoff der Synthese von *Azofarbstoffen* die durch die —N=N— -Gruppe, die **Azogruppe,** gekennzeichnet sind.

Bei der Synthese von Azofarbstoffen spielen die Vorgänge der **Diazotierung** und **Kupplung eine entscheidende Rolle** (s. Beispiel S. 100 unten).

43. Seifen, Tenside

43.1 Seifen und Waschvorgang

Seifen sind Natrium- und Kaliumsalze höherer Fettsäuren. Natriumsalze sind **Kernseifen,** Kaliumsalze sind **Schmierseifen.** Ihre Anionen besitzen einen hydrophoben (wasserfeindlichen) Kohlenwasserstoffrest (Alkyl) und eine hydrophile (wasserfreundliche) Gruppe, Carboxylatgruppe ($-COO^-$).

Wird Seife in Wasser gelöst, besetzen Seifenanionen die Wasseroberfläche. Dabei bleibt die Carboxylatgruppe mit dem Wasser in Kontakt und der hydrophobe Alkylrest ragt aus dem Wasser in die Luft. Er bildet eine Grenzfläche Wasser/Luft. Dies bewirkt eine **Erniedrigung der Oberflächenspannung** der Seifenlösung. Weil so auch an festen Oberflächen, z. B. an Textilien, die Grenzflächenspannung herabgesetzt wird, können diese von einer Seifenlösung leichter

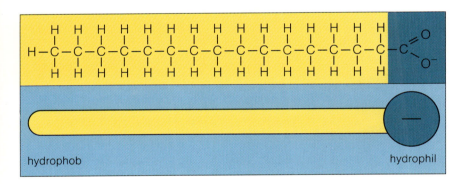

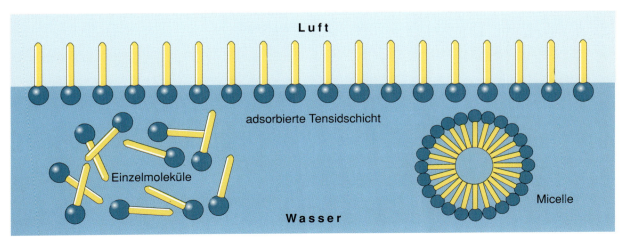

43. Seifen, Tenside *Waschvorgang*

benetzt werden als von reinem Wasser. Innerhalb des Wassers bilden Seifenanionen durch Zusammenlagern sog. Micellen.
Der **Waschvorgang** wird vor allem von der Erniedrigung der Grenzflächenspannung des Wassers bewirkt.

> Verbindungen, die eine Erniedrigung der Oberflächenspannung bzw. Grenzflächenspannung des Wassers bewirken, werden **Tenside** oder **Detergentien** genannt (Kap. 43.2).

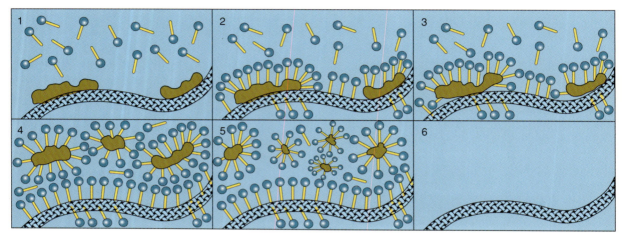

Phasen des Waschvorgangs am Beispiel der Ablösung von Schmutz auf einer Textilfaser

Nach Zugabe des Waschmittels (**1**) besetzen die hydrophoben Enden der Seifenanionen das Schmutzfett (**2**) und die Faser (**3**). Da die hydrophilen Enden in das Waschwasser ragen, ist die Faser hydrophil geworden und kann nun vom Wasser leicht benetzt werden. Im weiteren Verlauf werden die Schmutzteilchen zusammengeschoben, dabei gelockert und schließlich abgetrennt (**4**). Im Wasser werden sie dann von Seifenanionen umhüllt (**5**). Die hydrophoben Enden ragen in das Schmutzteilchen, die hydrophilen nach außen in das Wasser. Ihre negative Ladung bewirkt eine Abstoßung und eine Zerlegung des Schmutzes in kleine Bruchstücke (**5**). Die fein verteilten Schmutzteilchen werden vom Wasser fortgespült. Damit ist im Prinzip der Waschvorgang beendet (**6**).

43.2 Einteilung der Tenside

Die Einteilung der Tenside richtet sich nach der Ladung der hydrophilen Gruppe des Tensids.

Seifen gehören deshalb zu den „Aniontensiden". In der folgenden Abbildung ist der hydrophobe Teil des Moleküls gelb, der hydrophile Teil blau dargestellt.

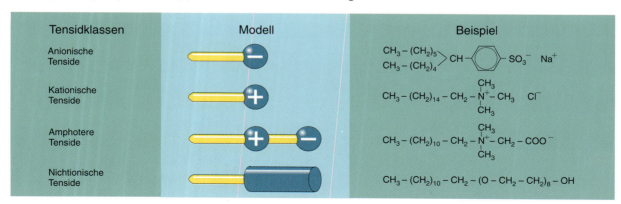

44. Ester

44.1 Veresterung, Verseifung

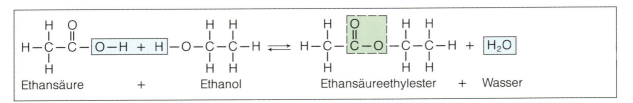

Ethansäure + Ethanol ⇌ Ethansäureethylester + Wasser

> Durch die Reaktion eines Säuremoleküls mit einem Alkoholmolekül entsteht eine neue funktionelle Gruppe, die Estergruppe,
>
> $$-C\overset{O}{\underset{O-}{=}}$$
>
> Dabei wird ein Wassermolekül abgespalten. Die Reaktion ist deshalb eine **Kondensation** (Kap. 40.1).

Es handelt sich um eine Gleichgewichtsreaktion (Kap. 33). Die Bildung des Esters nennt man **Veresterung,** die Rückreaktion **Verseifung.** Die Verseifung ist eine **Hydrolyse.** Darunter versteht man die Spaltung einer Atombindung unter Mitwirkung von Wasser. Beim Verseifen mit Lauge wird die gebildete Säure durch Neutralisation aus dem Gleichgewicht entfernt. So gelingt es, einen Ester vollkommen zu verseifen.

44.2 Ester in Natur und Technik

Ester haben in der Natur und Technik weite Verbreitung.

Beispiele:

$CH_3-C(=O)-O-C_2H_5$
Essigsäureethylester
Lösemittel

$CH_3-C(=O)-O-C_5H_{11}$
Essigsäure-pentyl-ester
Im *Ananasaroma*

$C_{15}H_{31}-C(=O)-O-C_{30}H_{61}$
Palmitinsäuremyricylester
Hauptbestandteil von *Bienenwachs*

$C_{15}H_{31}-C(=O)-O-C_{16}H_{33}$
Palmitinsäurehexadecylester
Hauptbestandteil von *Walrat*

Das Formelbild zeigt, warum der Name „Nitroglycerin" falsch ist. Die Verbindung ist ein Ester.

$H-C(H)-O-NO_2$
$H-C(H)-O-NO_2$
$H-C(H)-O-NO_2$

Trisalpetersäureglycerinester
Sprengstoff

PHB-Ester
Konservierungsstoff

Die unten stehende Abbildung kann einen Eindruck vermitteln, welch große Bedeutung der Stoffklasse Ester in Natur und Technik zukommt.

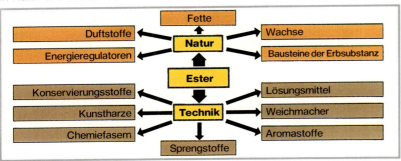

45. Fette

45.1 Aufbau

Fette sind Ester des dreiwertigen Alkohols Glycerin (Kap. 39.2.2, S. 93) mit mittleren und höheren Fettsäuren.

Unter den Fettsäuren können auch ungesättigte Fettsäuren sein. Fette, an deren Aufbau vor allem ungesättigte Fettsäuren beteiligt sind, werden als **Öle** (fette Öle im Gegensatz zu Mineralölen und etherischen Ölen der Pflanzen) bezeichnet. Fette sind **Gemenge verschiedener Ester;** deshalb schmelzen sie nicht bei einer bestimmten Temperatur, sondern erweichen in einem weiten Temperaturbereich (Schmelzbereich).

45.2 Eigenschaften

Fette und Öle sind brennbar, leichter als Wasser und wasserunlöslich; sie sind **hydrophob,** lösen sich gut in sog. hydrophoben (lipophilen = fettfreundlichen) Lösemitteln, z.B. Benzin. Durch bestimmte Stoffe, sog. **Emulgatoren,** kann man in Wasser Emulsionen von Fett in Wasser oder Öl in Wasser erzeugen. Für Wassertiere dienen sie als Wärmeschutz; als Reservestoff und Energielieferant spielen sie bei allen Lebewesen eine große Rolle. Bei der Hydrolyse von Fetten mit Lauge entstehen Seifen („Verseifung")!

Beispiele (Massenanteil der Säuren in %):

		Butter	Schweine-schmalz	Olivenöl	Leinöl
gesättigt					
Buttersäure	C_3H_7COOH	3 – 4	–	–	–
Palmitinsäure	$C_{15}H_{31}COOH$	26 – 28	25 – 30	8 – 12	5 – 7
Stearinsäure	$C_{17}H_{35}COOH$	9 – 11	11 – 18	2 – 4	2 – 4
ungesättigt					
Ölsäure	$C_{17}H_{33}COOH$	28 – 34	45 – 50	70 – 85	20 – 23
Linolsäure	$C_{17}H_{31}COOH$	4 – 5	7 – 11	5 – 10	15 – 16
Linolensäure	$C_{17}H_{29}COOH$	–	–	–	49 – 53
Schmelzbereich °C		30 – 36	27 – 29	-2 – 0	-27 – -16

46. Eiweiß *Aufbau*

Unter den **Fettsäuren,** die am Aufbau eines Fettmoleküls beteiligt sind, gibt es **essentielle,** z. B. die **Linolsäure** und die **Linolensäure.** Essentielle Fettsäuren sind lebensnotwendige Fettsäuren, die der Körper selbst nicht aufbauen kann. Sie müssen in der Nahrung enthalten sein.

46. Eiweiß

46.1 Die Bildung von Polypeptiden

Zwei Aminosäuren (Kap. 40.5.4, S. 96) können durch Kondensation miteinander verknüpft werden. Dabei entsteht ein *Dipeptid.* Die Verknüpfungsstelle im Dipeptid wird **Peptidbindung** (Amidbindung oder Peptidgruppe) genannt.

$$CH_3-CH-C{\overset{O}{\Big\backslash}}\boxed{OH + H}-N-CH_2-C{\overset{O}{\Big\backslash}}OH \rightleftharpoons CH_3-CH-\boxed{C{\overset{O}{\Big\backslash}}N}-CH_2-C{\overset{O}{\Big\backslash}}OH + \boxed{H_2C}$$

Alanin   Glycin   Peptidbindung   Dipeptid

Die Peptidbildung ist eine Gleichgewichtsreaktion, der die Hydrolyse entgegenwirkt. Wie die Bildung eines Dipeptids aus zwei Aminosäuren abläuft, so können sich viele *(poly)* Aminosäuren zu einem Polypeptid verbinden.

Aminosäure 1   Aminosäure 2   Aminosäure 3   Aminosäure 4   Aminosäure 5

freie Drehbarkeit

Starre Einheit   Starre Einheit

Um die Bindungen, die die Peptidgruppen mit den α-C-Atomen verbinden, besteht freie Drehbarkeit.

Die Peptidgruppe bildet eine starre und planare Einheit. Freie Drehbarkeit um die Bindung zwischen ihrem C-Atom und dem N-Atom ist nicht möglich. Die Bindungen zwischen den α-C-Atomen und den Peptidgruppen sind dagegen frei drehbar, so daß komplizierte Molekülstrukturen gebildet werden können. Die Peptidgruppe ist das charakteristische Merkmal der *Eiweißstoffe.* Die Vielfalt dieser lebenswichtigen Verbindungen ist in ihrer Struktur begründet. Dies wird im folgenden erklärt.

46. Eiweiß *Struktur*

46.2 Proteine – Struktur

Polypeptide aus mehr als 100 Aminosäuren sind Eiweißstoffe, sog. **Proteine.** Sie bestehen aus Makromolekülen mit entsprechend großen Molekülmassen. Trotzdem hat jedes Eiweißmolekül eine ganz bestimmte Struktur, von der ihre Funktion (Eigenschaft) abhängt. Man unterscheidet *vier Strukturprinzipien:*

> Die **Primärstruktur** bezeichnet die Aufeinanderfolge (Sequenz) der Aminosäuren im Eiweißmolekül. Sie ist in einem Lebewesen genetisch festgelegt.

Schon wenige verschiedene Aminosäuren können mehrere unterschiedliche Sequenzen und – davon abhängig – in den Eigenschaften sich unterscheidende Proteine bilden. Bei den zwanzig in höheren Organismen vorkommenden Aminosäuren wächst diese Zahl ins schier Unendliche.

Beispiel:

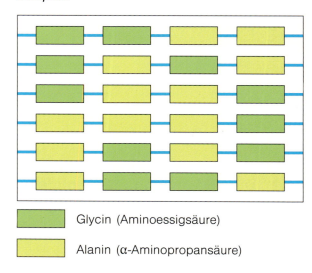

■ Glycin (Aminoessigsäure)
■ Alanin (α-Aminopropansäure)

> Die **Sekundärstruktur** beschreibt die räumliche Struktur des Makromoleküls Eiweiß.

Beispiele dafür sind die *Spiralstruktur* (Helix) und die *Faltblattstruktur* in untenstehender Grafik.

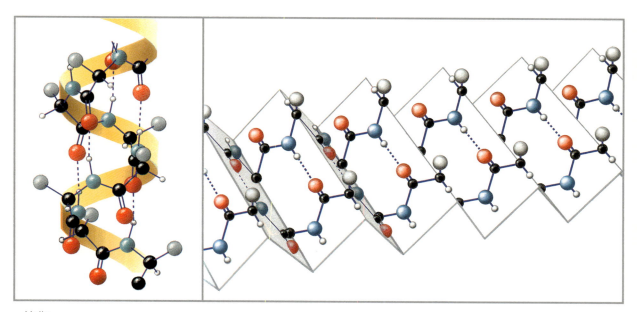

Helix Faltblatt

Ausschnitt aus der Helix- und aus der Faltblattstruktur von Eiweißmolekülen. Das Eiweiß der Wolle besitzt Spiralstruktur, das der Seide Faltblattstruktur.

46. Eiweiß *Struktur, Eigenschaften* 47. Kohlenhydrate

> Unter **Tertiärsturktur** versteht man die räumliche Anordnung der in der Sekundärstruktur angeordneten Molekülkette.

> Die **Quartärstruktur** tritt auf, wenn ein Protein aus mehreren Polypeptidketten besteht. Wie diese zueinander angeordnet sind, beschreibt die Quartärstruktur.

46.3 Eigenschaften der Proteine

Die Funktion eines Proteins ist von der Struktur abhängig. Die komplizierte Struktur von Eiweiß macht verständlich, daß Eiweiß gegen äußere Einflüsse (z.B. Hitze, bestimmte Chemikalien,

energiereiche Strahlung) sehr empfindlich ist Sie zerstören die Struktur und damit auch die Funktion des Eiweißes. Eiweiß hat Bedeutung als Zellbaustoff und als Wirkstoff für den Stoff- und Energiewechsel der Zelle. Als Antikörper übt es im Organismus eine lebenswichtige Schutzfunktion aus. Dieses Abwehrsystem (Immunsystem) muß bei Infektionen aktiv werden, um den Körper gegen Krankheitserreger zu schützen. Ohne ausreichende Eiweißversorgung sind weder Wachstum noch Regeneration möglich. *Eiweiß ist die wichtigste stoffliche Grundlage des Lebens.* Wie essentielle Fettsäuren (S. 98) so gibt es auch **essentielle Aminosäuren.** Diese sind lebenswichtig, können aber vom Körper nicht selbst aufgebaut werden. Sie müssen mit der Nahrung zugeführt werden. Dies ist bei einer ausgewogenen (= nicht einseitigen) Ernährung der Fall.

47. Kohlenhydrate

47.1 Einteilung

> Zur **Stoffklasse der Kohlenhydrate** gehören die in der Natur vorkommenden Zucker. Der Name beruht auf der früheren Auffassung, daß es sich dabei um Verbindungen handelt, in denen Kohlenstoff die Elemente Wasserstoff und Sauerstoff im Verhältnis von H und O wie im Wassermolekül (H : O = 2 : 1) bindet. Danach haben Kohlenhydrate die allgemeine Formel $C_nH_{2n}O_n$. Nach heutiger Sicht trifft dies nicht immer zu. Doch der Name blieb. Die einzelnen Zucker werden durch die Endung **-ose** gekennzeichnet.

Wie bei den Proteinen die Aminosäuren als Bausteine hochmolekularer Eiweißstoffe betrachtet werden, so liegen auch bei den Kohlen-

hydraten solche Bausteine vor. Nach der Zahl dieser Bausteine in einem Molekül unterscheidet man Monosaccharide, Oligosaccharide, Polysaccharide.

Monosaccharide. Die Moleküle der Monosaccharide oder Einfachzucker bestehen nur aus wenigen C-Atomen. Die wichtigsten Monosaccharide sind Hexosen (C_6-Zucker) und Pentosen (C_5-Zucker).

Oligosaccharide. Bei diesen Zuckern sind 2 bis 6 Monosaccharide durch Kondensation miteinander zu einem Molekül verknüpft. Die wichtigsten Oliosaccharide sind die **Disaccharide.**

Polysaccharide. Durch die Verknüpfung von vielen Monosacchariden entstehen Polysaccharide. Sie bestehen aus **Makromolekülen.**

47. Kohlenhydrate Monosaccharide

47.2 Monosaccharide

Zucker sind, wie z. B. auch Aminosäuren, **optisch aktive Verbindungen.** Darunter versteht man die Eigenschaft, daß die Ebene des polarisierten Lichtes, das durch eine Zuckerlösung geschickt wird, um einen bestimmten Betrag gedreht wird. Ursache dafür ist ein **asymmetrisches C-Atom.** Das ist der Fall, wenn ein Kohlenstoffatom vier verschiedene Atome oder Atomgruppen bindet. Bei einem solchen Molekül gibt es zwei Isomere, die sich wie Bild und Spiegelbild unterscheiden.

Beispiel: Glycerinaldehyd

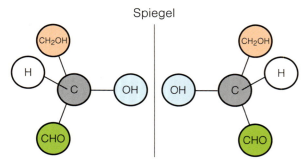

> Die zwei Isomere nennt man Spiegelbildisomere. Optisch aktive Isomere nennt man auch **chiral** und die Erscheinung **Chiralität.**

Die rechtsdrehende Form wird mit (+) bezeichnet, die linksdrehende mit (–). Als Bezugssubstanz zur Angabe der **Konfiguration,** d. i. die räumliche Anordnung der Atome bzw. Atomgruppen im Molekül, gilt der Glycerinaldhyd.

D(+)-Glycerinaldehyd   L(–)-Glycerinaldehyd

Die Formelschreibweise für diese Verbindungen wurde von *E. Fischer* vorgeschlagen. Dabei wird die Kohlenstoffkette senkrecht angeordnet und das Molekül in die Ebene projiziert: **Fischer Projektion.**

> Der Buchstabe gibt die Konfiguration an, + und – geben die Drehung der Ebene des polarisierten Lichtes an.
> Das vorgesetzte **D** bzw. **L** bezieht sich auf Glycerinaldehyd als Bezugsmolekül für die Konfiguration. Zur Bezeichnung wird das von der C=O-Gruppe am weitesten entfernte asymmetrische C-Atom gewählt.

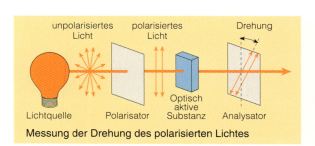

Messung der Drehung des polarisierten Lichtes

Fischer-Projektion für Monosaccharide:

```
(1)        H              H
           C=O            C=O
(2)    H—C—OH         HO—C—H
(3)   HO—C—H           H—C—OH
(4)    H—C—OH         HO—C—H
(5)    H—C—OH         HO—C—H
(6)       CH₂OH            CH₂OH
       D(+)-Glucose      L(–)-Glucose
```

```
(1)        H              H
           C=O            C=O
(2)    H—C—OH         HO—C—H
(3)   HO—C—H           H—C—OH
(4)   HO—C—H           H—C—OH
(5)    H—C—OH         HO—C—H
(6)       CH₂OH            CH₂OH
       D(+)-Galactose    L(–)-Galactose
```

108

47. Kohlenhydrate *Mono-, Di-, Polysaccharide*

(1) CH_2OH CH_2OH

(2)   C=O   C=O

(3)   HO—C—H   H—C—OH

(4)   H—C—OH   HO—C—H

(5)   **H—C—OH**   **HO—C—H**

(6) CH_2OH CH_2OH

      D(−)-Fructose   L(+)-Fructose

Zucker mit einer Aldehydgruppe nennt man **Aldozucker,** z. B. *Glucose* = Traubenzucker; Zucker mit einer Ketogruppe sind **Ketozucker,** z. B. *Fructose* = Fruchtzucker.
Die Beispiele zeigen, daß zwischen Drehrichtung und Konfiguration kein Zusammenhang besteht.

Zuckermoleküle neigen zur **Ringbildung,** wie im Beispiel der Glucose gezeigt wird. Der Ring entsteht durch Reaktion der Ketogruppe (C_1) mit der OH-Gruppe am Kohlenstoffatom C_5.

D-Glucose

Bei dieser von **W. Haworth** dafür vorgeschlagenen Projektionsformel ist die dem Beobachter zugewandte Seite gelegentlich durch Fettdruck hervorgehoben. Hier wird darauf verzichtet. Die OH-Gruppen, die in der Fischer-Projektion rechts stehen, liegen *unter* der Ringebene, die links stehenden OH-Gruppen liegen *über* der Ringebene.
Die dargestellte Ringform berücksichtigt nicht Drehbarkeit der Einfachbindungen. In Wirklichkeit liegt nämlich eine Molekülstruktur vor, wie sie beim Cyclohexan besprochen wurde (Kap. 37.4.1, S. 88).

47.3 Disaccharide

Die wichtigsten Disaccharide sind aus **Hexosen** aufgebaut:

Beispiele:

D-Glucose + D-Glucose $\longrightarrow$ Maltose + Wasser
                                 Malzzucker

D-Glucose + D-Fructose $\longrightarrow$ Saccharose
                                      + Wasser
                                 Rohrzucker

D-Galaktose + D-Glucose $\longrightarrow$ Lactose + Wasser
                                   Milchzucker

Die *Cellobiose*, ein Abbauprodukt der Cellulose, ist auch aus zwei Glucosemolekülen aufgebaut, doch in anderer Verknüpfung als bei der Maltose.

Maltose

Cellobiose

Durch **Hydrolyse** können Disaccharide wieder in die Monosaccharide aufgespalten werden.

$$2\,C_6H_{12}O_6 \underset{\text{Hydrolyse}}{\overset{\text{Kondensation}}{\rightleftarrows}} C_{12}H_{22}O_{11} + H_2O$$

Die beiden Hexosereste sind in einem Disaccharidmolekül über eine **Sauerstoffbrücke** verbunden.

$$-\overset{|}{\underset{|}{C}}-OH + HO-\overset{|}{\underset{|}{C}}- \longrightarrow -\overset{|}{\underset{|}{C}}-O-\overset{|}{\underset{|}{C}}- + H_2O$$

109

47. Kohlenhydrate *Polysaccharide*

47.4 Polysaccharide

Stärke. Viele Glucosemoleküle verbinden sich zum Polysaccharid **Stärke** (S. 111). Dabei sind zwei Bestandteile zu unterscheiden: das strauchförmig verzweigte **Amylopektin** und die spiralförmig gebaute **Amylose.** Hauptbestandteil ist das Amylopektin.

Glykogen. Die Speicherform von Kohlenhydraten im tierischen Organismus ist Glykogen. Es ähnelt im Bau dem Amylopektin, doch ist es stärker verzweigt und höher molekular.

Cellulose. Sie ist der Hauptbestandteil der pflanzlichen Zellwände und der Bestandteil von Pflanzenfasern (z. B. Baumwolle, Flachs). Cellulose ist aus Glucosebausteinen aufgebaut, doch sind die einzelnen Moleküle so verknüpft wie in der Cellobiose (s. Abb. S. 109).

Inulin. Der Speicherstoff der Dahlien ist das Polysaccharid Inulin. Es ist ein Kondensationsprodukt von Fructosemolekülen.

Durch **Hydrolyse** können Polysaccharide wieder über Disaccharide in Monosaccharide abgebaut werden. Der Vorgang spielt in der Natur eine Rolle, wenn der Speicherstoff Stärke oder Glykogen zur Abgabe von Glucose mobilisiert wird. Dabei wirken Enzyme mit. In der Technik kann durch Holzverzuckerung, eine Hydrolyse mit Hilfe von konzentrierter Salzsäure, Zucker gewonnen werden.

47.5 Die Verarbeitung der Cellulose

Gewinnung von Zellstoff. Reine Cellulose wird aus Baumwolle gewonnen. Bei der großen technischen Bedeutung der Cellulose könnte damit der Bedarf nicht im entferntesten gedeckt werden. Die Technik greift daher auf die in Holz und Stroh in Massen zur Verfügung stehende Cellulose zurück. Dabei muß die Abtrennung von den Begleitstoffen (im wesentlichen Lignin) in Kauf genommen werden. Der Reinheitsgrad der aus Holz gewonnenen Cellulose, der **Zellstoff,** entspricht zwar nicht der „Baumwoll-Cellulose", ist jedoch für technische Zwecke ausreichend. Um bei der Zellstoffgewinnung den Holzstoff zu entfernen, wird bei einem Verfahren das zerkleinerte Holz mehrere Stunden mit einer Lösung von Calciumhydrogensulfit gekocht. Der größte Teil des technisch gewonnenen Zellstoffs geht in die Papierfabriken, auch die Kunststoffindustrie verbraucht große Mengen. Direkt verarbeitet wird Zellstoff in geringerem Maße, z. B. für Verbandmaterial und Windeln.

Papier. Das Papier der Ägypter wurde aus dem Mark der Papyrushalme gewonnen. Es bestand aus fast reiner Cellulose und hat, wie von Funden bekannt ist, die Jahrtausende erstaunlich gut überstanden. Der größte Teil unseres Papiers wird heute aus Holzschliff (zerfasertes Holz) und Cellulose (Zellstoff) hergestellt. Durch Verfilzung dieser Fasern entsteht unter Beimischung einiger Zutaten Papier.

Nach dem Rohmaterial für die **Papierfabrikation** unterscheidet man verschiedene Papiersorten. Für wertvolles Papier nimmt man Tuchabfälle von Baumwolle oder Leinen. **Zeitungspapier** besteht durchschnittlich aus 80 % Holzschliff, 15 % Cellulose und 5 % Kleb- und Füllstoffen. Ein wichtiger Rohstoff der modernen Papierherstellung ist heute Altpapier.

48. Kunststoffe

48.1 Begriffsbestimmung

> Unter **Kunststoffen** versteht man makromolekulare, organische Materialien, die ganz oder teilweise durch Synthese hergestellt werden.

Eine allgemein gültige Definition gibt es nicht. Der Begriff **„Makromolekül"** wurde 1922 erstmals von *H. Staudinger* vorgeschlagen, doch nicht gleich allgemein anerkannt. Heute wissen wir, daß auch bestimmte Naturstoffe aus Makromolekülen aufgebaut sind, z. B. Polysaccharide (Kap. 47. 4, S. 109), Proteine (Kap. 46. 2, S. 106).

48.2 Herstellung von halbsynthetischen Kunststoffen

Bevor die Synthese von Makromolekülen gelang, wurde bei der Herstellung von Kunststoffen auf natürlich vorkommende Makromoleküle zurückgegriffen, z. B. *Cellulose, Eiweiß.*

48.2.1 Cellulosederivate

Das Makromolekül der Cellulose ist wegen seiner Hydroxylgruppen geeignet, Veresterungsreaktionen einzugehen.
Mit **Salpetersäure** entsteht in Gegenwart von Schwefelsäure *Cellulosenitrat, der Salpetersäureester der Cellulose* (fälschlich „Nitrocellulose" genannt).
Bei einer weitgehenden Veresterung der Hydroxylgruppen mit Salpetersäure entsteht die leicht entflammbare Schießbaumwolle.
Nimmt nur ein Teil der OH-Gruppen der Cellulose an der Veresterung teil, entsteht **Collodiumwolle.** Sie besteht aus wollartigen Flocken. Wird sie mit Campher verknetet, entsteht **Celluloid,** einer der ersten Kunststoffe mit breitem Anwendungsbereich. Wegen seiner leichten Entflammbarkeit ging seine Bedeutung zurück.

Cellulose

$$-nH_2O \downarrow +nHNO_3$$

Cellulosenitrat

Mit *Essigsäure* und Cellulose entstehen je nach Grad der Veresterung verschiedene **Celluloseacetate** (Essigsäureester der Cellulose). Sie erlangten Bedeutung für Folien, „Acetatseide", Lack- und Klebstoffe und Ausgangsmaterial für Kunststoffe.
Kunstseide. Das älteste Verfahren der Kunstseideherstellung ging von Collodiumwolle aus. Diese wurde in Alkohol/Ether gelöst und durch Düsen in ein Fällbad gepreßt, wobei feine Fäden entstanden, die **„Nitroseide".**
Eine weitere Methode bestand darin, Cellulose in einer Lösung von Kupferhydroxid in Ammoniak (Schweizers Reagenz) zu lösen und die erhaltene Lösung durch Düsen in eine Säure zu pressen. Dabei erhielt man **Kupfer-Seide.** Sie war chemisch Cellulose.
Beim **Viskose-Spinnverfahren** wird Cellulose zuerst mit Natronlauge behandelt. Dabei entsteht sog. *Alkalicellulose.* Diese wird anschließend mit Kohlenstoffdisulfid (CS_2) zu Cellulosexanthogenat umgewandelt. In der Lauge entsteht Natriumxanthogenat als Lösung, die „Viskose". Wird diese in ein schwefelsaures Fällbad gepreßt, entstehen Fäden (Reyon) oder Fasern (Zellwolle). Wie bei Kupferseide erhält man **regenerierte Cellulose.**

48. Kunststoffe *Kunsthorn, Polykondensation*

$$\text{--OH} + CS_2 + NaOH \xrightarrow{-H_2O} \text{--O--}\!\underset{\underset{S}{\|}}{C}\!\text{--}S^-Na^+ \xrightarrow{H^+} \text{--OH} + CS_2 + Na^+$$

Cellulose   Celluloseexanthogenat   regenerierte Cellulose
                   (löslich)   (unlöslich)

Hier ist der Einfachheit halber nur eine OH-Gruppe angegeben.

48.2.2 Kunsthorn, ein Proteinderivat

> Kunsthorn entsteht aus Casein durch Härtung mit Formaldehyd als hornartiges Produkt.

Casein (Käsestoff) kann aus Milch mit Essigsäure abgeschieden werden. Es ist der Hauptbestandteil von Milcheiweiß. Unter dem Namen *„Galalith"* wurde es z. B. zur Herstellung von Knöpfen, Kämmen ... verwendet.

48.3 Die vollsynthetische Herstellung von Kunststoffen

Die synthetische Herstellung von Makromolekülen für die Produktion von Kunststoffen gelingt durch folgende Reaktionstypen:

Polykondensation, Polymerisation, Polyaddition.

48.3.1 Polykondensation

> **Polykondensation** tritt ein zwischen Verbindungen mit reaktionsfähigen Gruppen, die sich miteinander verbinden und Nebenprodukte wie Wasser, Ammoniak, Alkohol, Salzsäure usw. abspalten. Die Moleküle der Ausgangsstoffe sind die *Monomere*.

Polykondensationen sind **Gleichgewichtsreaktionen.** Für einen erfolgreichen Ablauf der Reaktion ist die Entfernung des Reaktionsnebenproduktes unbedingt notwendig.

Beispiele:

Bildung von vernetzten Alkydharzen (Bakelit) aus Phenol und Formaldehyd durch Polykondensation:

Phenol   Formaldehyd   Kunstharz

Mit weiterem Phenol verläuft die Polykondensation ohne Methanalabspaltung.

48. Kunststoffe *Polykondensation, Polymerisation*

Bildung eines linearen Polyesters aus Terephthalsäure und Glycol:

$$\cdots HO-\underset{\underset{H}{|}}{\overset{\overset{H}{|}}{C}}-\underset{\underset{H}{|}}{\overset{\overset{H}{|}}{C}}-OH \quad + \quad HOOC-\langle\text{benzene}\rangle-COOH \quad + \quad HO-\underset{\underset{H}{|}}{\overset{\overset{H}{|}}{C}}-\underset{\underset{H}{|}}{\overset{\overset{H}{|}}{C}}-OH\cdots$$

Glycol   Terephthalsäure   Glycol

$$\xrightarrow{-nH_2O} \cdots O-\underset{\underset{H}{|}}{\overset{\overset{H}{|}}{C}}-\underset{\underset{H}{|}}{\overset{\overset{H}{|}}{C}}-O-\overset{\overset{O}{\|}}{C}-\langle\text{benzene}\rangle-\overset{\overset{O}{\|}}{C}-O-\underset{\underset{H}{|}}{\overset{\overset{H}{|}}{C}}-\underset{\underset{H}{|}}{\overset{\overset{H}{|}}{C}}-O\cdots$$

Polyester (Trevira, Diolen)

Bildung von **Nylon** (Polyamid 6,6) aus Hexamethylendiamin (1,6-Diaminohexan) und Adipinsäure:

$$\cdots H_2N-(CH_2)_6-NH_2 \quad + \quad HOOC-(CH_2)_4-COOH \quad + \quad H_2N-(CH_2)_6-NH_2\cdots$$

Hexamethylendiamin   Adipinsäure   Hexamethylendiamin

$$\xrightarrow{-nH_2O} \cdots-NH-(CH_2)_6-\underset{\underset{H}{|}}{N}-\overset{\overset{}{}}{\underset{\underset{O}{\|}}{C}}-(CH_2)_4-\underset{\underset{O}{\|}}{C}-\underset{\underset{H}{|}}{N}-(CH_2)_6-NH-\cdots$$

Nylon

Bildung von **Polycarbonat** durch Kondensation von Bis-(hydroxyphenyl)-alkanen mit Kohlensäureestern.

$$\cdots \;+\; HO-\langle\text{phenyl}\rangle-\underset{\underset{CH_3}{|}}{\overset{\overset{CH_3}{|}}{C}}-\langle\text{phenyl}\rangle-OH \;+\; RO-\overset{\overset{O}{\|}}{C}-OR \;+\; HO-\langle\text{phenyl}\rangle-\underset{\underset{CH_3}{|}}{\overset{\overset{CH_3}{|}}{C}}-\langle\text{phenyl}\rangle-OH \;+\; \cdots$$

$$\xrightarrow{-ROH} \cdots \left[O-\langle\text{phenyl}\rangle-\underset{\underset{CH_3}{|}}{\overset{\overset{CH_3}{|}}{C}}-\langle\text{phenyl}\rangle-O-\overset{\overset{O}{\|}}{C} \right]-O-\langle\text{phenyl}\rangle-\cdots$$

Polycarbonat

48.3.2 Polymerisation

Voraussetzung zur **Polymerisation** ist das Vorhandensein von einer oder mehreren ungesättigten Gruppen im Molekül der Monomeren, die miteinander reagieren. Dabei werden Doppelbindungen aufgehoben und die Monomere verketten sich zu einem **Makromolekül**. Nebenprodukte entstehen nicht.

Das ist der Fall bei ungesättigten Kohlenwasserstoffen, Aldehyden, Nitrilen u. a. Die Polymerisation erfolgt selten spontan. Meist gelingt sie unter dem Einfluß von Katalysatoren (Starter), Wärme oder Licht. Die wichtigste Art ist die **radikalische Polymerisation.** Dabei wird in der Startphase ein Radikal gebildet, das sich an die Doppelbindung eines Monomeren anlagert. Dazu folgt ein Beispiel.

48. Kunststoffe *Polymerisation*

Beispiel:

Herstellung von Polystyrol

Startphase

$$C_6H_5-\underset{\underset{O}{\|}}{C}-O-O-\underset{\underset{O}{\|}}{C}-C_6H_5 \longrightarrow C_6H_5-\underset{\underset{O}{\|}}{C}-O\cdot + \cdot O-\underset{\underset{O}{\|}}{C}-C_6H_5$$

Dibenzoylperoxid   Radikale

Für die Molekülbruchstücke *(Radikale)* schreiben wir im folgenden nur noch **R ·**

$$R\cdot + \underset{\underset{H}{|}}{\overset{\overset{H}{|}}{C}}=\underset{\underset{C_6H_5}{|}}{\overset{\overset{H}{|}}{C}} \longrightarrow R-\underset{\underset{H}{|}}{\overset{\overset{H}{|}}{C}}-\underset{\underset{C_6H_5}{|}}{\overset{\overset{H}{|}}{C}}\cdot$$

Wachstumsphase:

$$R-\underset{\underset{H}{|}}{\overset{\overset{H}{|}}{C}}-\underset{\underset{C_6H_5}{|}}{\overset{\overset{H}{|}}{C}}\cdot + \underset{\underset{H}{|}}{\overset{\overset{H}{|}}{C}}=\underset{\underset{C_6H_5}{|}}{\overset{\overset{H}{|}}{C}} \longrightarrow R-\underset{\underset{H}{|}}{\overset{\overset{H}{|}}{C}}-\underset{\underset{C_6H_5}{|}}{\overset{\overset{H}{|}}{C}}-\underset{\underset{H}{|}}{\overset{\overset{H}{|}}{C}}-\underset{\underset{C_6H_5}{|}}{\overset{\overset{H}{|}}{C}}\cdot$$

Erst wenn zwei Radikale aufeinandertreffen, kommt es zum Abbruch des Kettenwachstums; die Polymerisation ist beendet.

Abbruchsphase:

$$R-\underset{\underset{H}{|}}{\overset{\overset{H}{|}}{C}}-\underset{\underset{C_6H_5}{|}}{\overset{\overset{H}{|}}{C}}-\underset{\underset{H}{|}}{\overset{\overset{H}{|}}{C}}-\underset{\underset{C_6H_5}{|}}{\overset{\overset{H}{|}}{C}}\cdot + \cdot\underset{\underset{H}{|}}{\overset{\overset{H}{|}}{C}}-\underset{\underset{C_6H_5}{|}}{\overset{\overset{H}{|}}{C}}-R \longrightarrow R-\underset{\underset{H}{|}}{\overset{\overset{H}{|}}{C}}-\underset{\underset{C_6H_5}{|}}{\overset{\overset{H}{|}}{C}}-\underset{\underset{H}{|}}{\overset{\overset{H}{|}}{C}}-\underset{\underset{C_6H_5}{|}}{\overset{\overset{H}{|}}{C}}-\underset{\underset{H}{|}}{\overset{\overset{H}{|}}{C}}-\underset{\underset{C_6H_5}{|}}{\overset{\overset{H}{|}}{C}}-R$$

Polystyrol

Bildung von Plexiglas:

Methacrylsäuremethylester   Polymethacrylsäuremethylester (Plexiglas)

Bildung von Teflon:

Tetrafluorethen   Polytetrafluorethen (Teflon)

48. Kunststoffe *Polyaddition, Zusatzstoffe*

> Wird ein Kunststoff aus gleichen Monomeren gebildet, spricht man von **Homopolymerisation.**
> Polymerisation verschiedener Monomeren miteinander nennt man **Copolymerisation.**

48.3.3 Polyaddition

> Das Bildungsprinzip beruht hier darauf, daß verschiedenartige, polyfunktionelle Monomere unter Wanderung von Wasserstoffatomen sich zu einem Polymeren verbinden **(Polyaddition)**. Dabei entsteht kein Nebenprodukt (siehe Beispiel unten).

48.4 Duroplaste, Thermoplaste, Elastomere

> **Duroplaste** sind Kunststoffe, die bis zur Zersetzungstemperatur starr und fest sind. Sie sind aus eng vernetzten Makromolekülen aufgebaut.
> **Thermoplaste** bestehen aus kettenförmigen Makromolekülen; sie erweichen beim Erwärmen ohne Zersetzung und erreichen dabei plastisches Verhalten. Nach dem Abkühlen erhärten sie wieder.
> **Elastomere** sind weitmaschige Kunststoffe, die sich um mindestens das Doppelte dehnen lassen und danach die ursprüngliche Form wieder annehmen, z. B. Weichgummi.

48.5 Additive, Füllstoffe, Weichmacher

Die bei der Synthese anfallenden Polymere sind noch keine geeigneten Werkstoffe. Sie werden erst durch Nachbehandlung und Zusatz weiterer Stoffe zu einem Handelsprodukt.

Stabilisatoren. Sie bewahren die Monomere vor unerwünschter Polymerisation (z. B. Hydrochinon). Andere schützen vor Zersetzung, z. B. PVC durch Blei-, Cadmium-, Bariumsalze. Diese schützen auch vor Beeinflussung durch Licht, andere vor Wärme oder vor Sauerstoff (Antioxidantien).

Antistatika. Diese Zusätze bewahren vor elektrostatischer Aufladung, indem sie den Widerstand der Oberfläche herabsetzen, damit Oberflächenladungen schneller abgeleitet werden.

Haftvermittler. Sie sind nötig, um Kunststoff-Beschichtungen auf Papier oder Textilien ausreichend zu befestigen.

Füllstoffe. Dazu gehören Ruß, Kaolin, Silicate, Glasfasern u. a. Sie werden eingearbeitet, um bestimmte Eigenschaften zu erzielen, z. B. hohe Elastizität bei gleichzeitiger Festigkeit.

Weichmacher. Wenn ein Kunststoff von sich aus ein hartes und sprödes Material darstellt, kann durch Weichmacher der Kunststoff in ein plastisches Material verwandelt werden.
Beispiel: Phthalsäureester schieben sich zwischen die Makromoleküle und erzeugen so ein „lockeres" Gefüge.
Für **Zusatzstoffe** von Kunststoffen, die als Lebensmittelverpackungen verwendet werden, bestehen gesetzliche Vorschriften.

Beispiel für Polyaddition:

Bildung von Polyurethan

Polyurethan

115

48. Kunststoffe *Silicone*

48.6 Silicone

> **Silicone** oder Polyorganosiloxane („Siloxane")
> sind Verbindungen, deren Makromoleküle
> keine Kohlenstoffketten bilden, sondern über
> —Si—O—Si— -Ketten zusammengehalten
> werden. Im Gegensatz zu den anorganischen
> Silicaten tragen dabei mindestens einige
> Si-Atome organische Reste.

Beispiel:

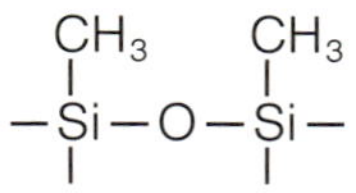

$$
\begin{array}{ccc}
CH_3 & & CH_3 \\
| & & | \\
-Si & -O- & Si- \\
| & & |
\end{array}
$$

Monomere der Silicone sind **Organochlor-silane** (z.B. $(CH_3)_2SiCl_2$), die unter Abspaltung von HCl z.B. mit Wasser reagieren und dabei *Silanole* bilden:

Beispiel:

$$
\begin{array}{c}
| \\
-Si-Cl \\
|
\end{array}
+ \; H_2O \; \longrightarrow \;
\underset{\text{Silanol}}{
\begin{array}{c}
| \\
-Si-OH \\
|
\end{array}}
+ \; HCl
$$

Die Silanole neigen zur *Polykondensation.*

Die hervorstechenden **Eigenschaften** der Silicone sind Wärmebeständigkeit, Hydrophobie, Nichtleiter, geringe Grenzflächenspannung, Trennvermögen, physiologische Indifferenz.

Die **wirtschaftliche Bedeutung** der Silicone liegt in der Vielseitigkeit ihrer Anwendungen, die sich auf alle Bereiche der Industrie erstrecken. Silicone werden heute weltweit in Mengen von etwa 800 000 Tonnen produziert, wobei sich die Anzahl der Handelsprodukte auf 1500 bis 2000 beläuft, z.B.:

– Gummi- und Kunststoffindustrie
– Bauindustrie
– Elektroindustrie, Elektronik, Maschinenbau
– Textil- und Papierindustrie
– Farben, Lacke, chemische Synthesen.

In der **Medizin** haben Silicone sehr verschiedenartige Anwendungen gefunden. Siliconkautschuk wird für die Herstellung von Prothesen wie künstliche Herzklappen oder Gelenke verwendet. Siliconkautschuk ist ein geeignetes Material für Schläuche zur Bluttransfusion oder für Herz-Lungen-Maschinen. Die bisherigen Erfahrungen zeigen keine negativen physiologischen Eigenschaften.

Beispiel:

$$
(CH_3)_3SiOH \; + \; HOSi(CH_3)_3 \; \xrightarrow{-H_2O} \; (CH_3)_3SiOSi(CH_3)_3
$$

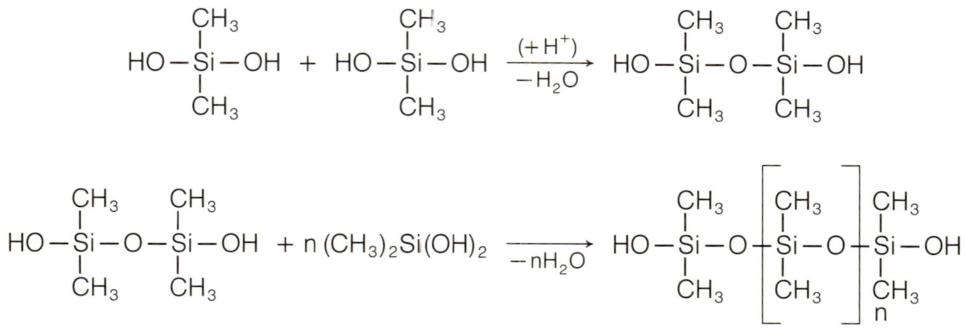

$$
\begin{array}{c}
CH_3 \\
| \\
HO-Si-OH \\
| \\
CH_3
\end{array}
+ \;
\begin{array}{c}
CH_3 \\
| \\
HO-Si-OH \\
| \\
CH_3
\end{array}
\xrightarrow[-H_2O]{(+H^+)}
\begin{array}{c}
CH_3 \quad\quad CH_3 \\
| \quad\quad\quad | \\
HO-Si-O-Si-OH \\
| \quad\quad\quad | \\
CH_3 \quad\quad CH_3
\end{array}
$$

$$
\begin{array}{c}
CH_3 \quad\quad CH_3 \\
| \quad\quad\quad | \\
HO-Si-O-Si-OH \\
| \quad\quad\quad | \\
CH_3 \quad\quad CH_3
\end{array}
+ \; n\,(CH_3)_2Si(OH)_2 \; \xrightarrow{-nH_2O}
\begin{array}{c}
CH_3 \quad\left[CH_3 \right. \quad CH_3 \\
| \quad\quad | \quad\quad | \\
HO-Si-O-\left. Si-O\right]-Si-OH \\
| \quad\quad | \quad\quad | \\
CH_3 \quad\left. CH_3 \right)_n \quad CH_3
\end{array}
$$

Dihydroxypolydimethylsiloxan

49. Physiologische Wirkstoffe

49.1 Enzyme

Die Geschwindigkeit einer chemischen Reaktion, die bei gewöhnlicher Temperatur nur langsam abläuft, kann durch Katalysatoren oder Erwärmen beträchtlich erhöht werden. In den Zellen der Lebewesen spielen sich chemische Vorgänge ab, die bei den dort herrschenden Temperaturen nur durch Katalyse die notwendige Geschwindigkeit erzielen. Die Katalysatoren stellt die Zelle selbst her; sie werden **Enzyme (Fermente)** genannt. Es sind „Biokatalysatoren" (S. 72). Enzyme verlieren beim Aufkochen ihre Wirkung. Ähnlich verhält es sich, wenn Schwermetallionen oder Gifte wie Strychnin oder Blausäure mit Enzymen in Berührung kommen. Dieses Verhalten ist damit zu erklären, daß die Enzyme **Eiweißverbindungen** sind. Die komplizierte Eiweißstruktur wird beim Erhitzen oder durch Gifte so verändert, daß sie ihre Funktion verlieren. Sie werden „denaturiert". Die Wirkung der

Enzyme ist nicht nur von der Temperatur abhängig, sondern meist auch von der Wasserstoffionenkonzentration (pH-Wert). Die untenstehende Tabelle zeigt dies für die Verdauungsenzyme.

49.2 Vitamine

Vitamine sind Wirkstoffe, die der Körper nicht selbst erzeugen kann und die ihm deshalb mit der Nahrung zugeführt werden müssen. Bei Vitaminmangel kommt es zu Ausfallserscheinungen, sogenannten *„Avitaminosen"*. Man unterscheidet fettlösliche (Vitamin A, D, E, K) und wasserlösliche Vitamine (B-Vitamine, Vitamin C und P, Lactoflavin, Nicotinamid, Pantothensäure, p-Aminobenzoesäure, Inosit, Cholin, Folsäure). Vitamine sind essentielle Bestandteile von Lebensmitteln. Bei ausgewogener Ernährung ist eine ausreichende Versorgung des Organismus mit Vitaminen gesichert. Im Körper unterstützen

Überblick über die Chemie der Verdauung (vereinfacht)

Verdauungs-organ	Verdauungs-drüsen	pH-Wert	Kohlenhydrate	Eiweiße	Fette
Mundhöhle	Speicheldrüsen: Mundspeichel	6 – 7	Stärke durch Speichel-Amylase zu Oligosacchariden und Disacchariden		
Magen	Magenwand-drüsen: Magensaft	1,5 – 2,5		Proteine durch Pepsin zu Polypeptiden	Einleitung der Fetthydrolyse durch Lipasen
Dünndarm	Pankreas: Bauchspeichel	6,5 – 7,5	Disaccharide durch Maltase, Saccharase und Lactase zu Monosacchariden	Proteine durch Trypsin, Chymotrypsin zu Peptiden; Peptide zu Aminosäuren	Fette durch Lipasen zu Glycerin und Fettsäuren
	Leber: Gallensaft;	6 – 7			Emulgierung von Fetttröpfchen
	Dünndarm-wanddrüsen: Dünndarmsaft	7 – 8	Disaccharide durch Maltase und Lactase zu Monosacchariden	Polypeptide durch Peptidasen zu Aminosäuren	

49. Physiologische Wirkstoffe *Vitamine*

die Vitamine vielfach die Wirkung der Enzyme.
Sie wirken als sog. „Co-Enzyme".
Die Vitamine gehören verschiedenen Stoffklassen an, wie die folgenden Formelbeispiele
zeigen.

Beispiele:

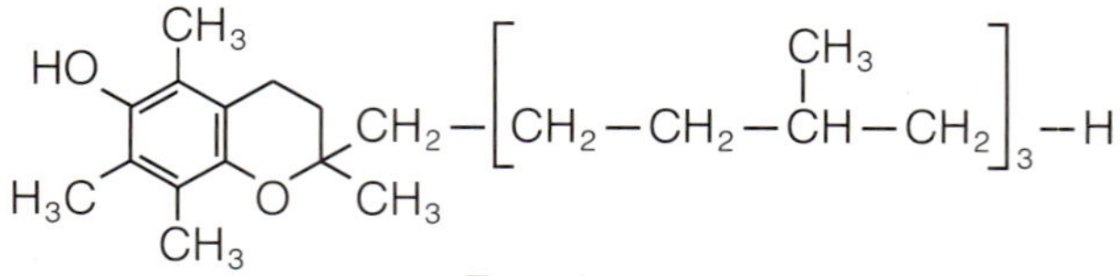

α-Tocopherol
(Vitamin-E)

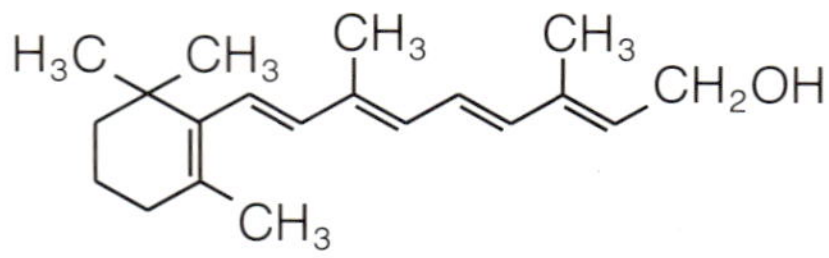

Retinol
(Vitamin A)

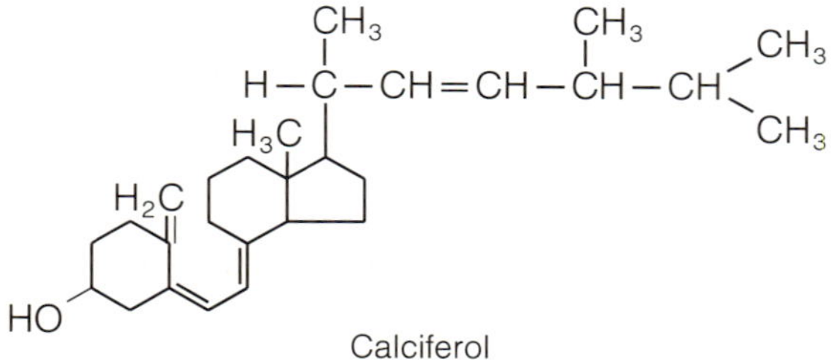

Calciferol
(Vitamin D_2)

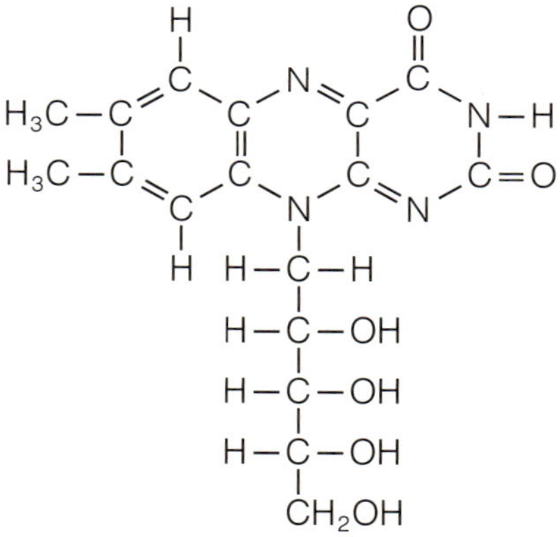

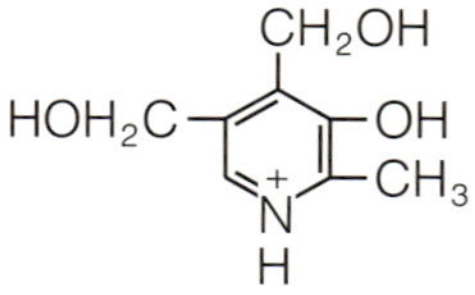

Pyridoxin
(Eine Form des Vitamins B_6)

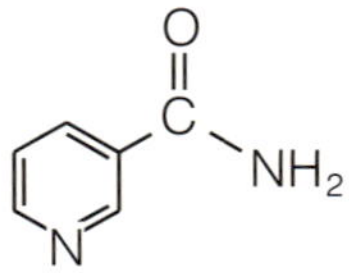

Nicotinsäureamid

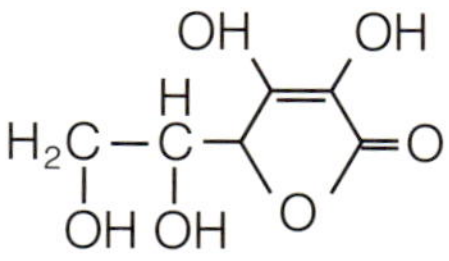

Riboflavin
(Vitamin B_2)

Ascorbinsäure
(Vitamin C)

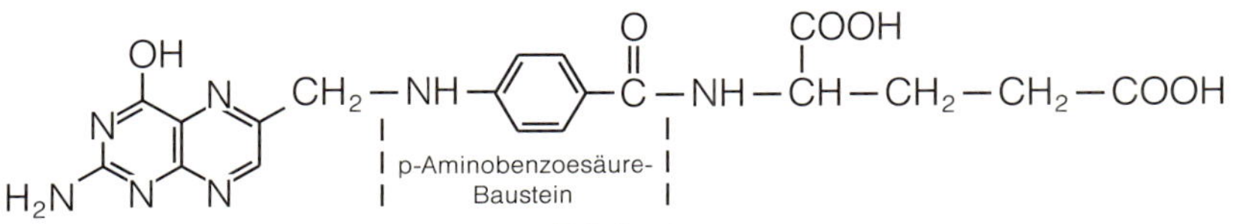

49. Physiologische Wirkstoffe *Vitamine, Hormone*

p-Aminobenzoesäure-Baustein

Folsäure

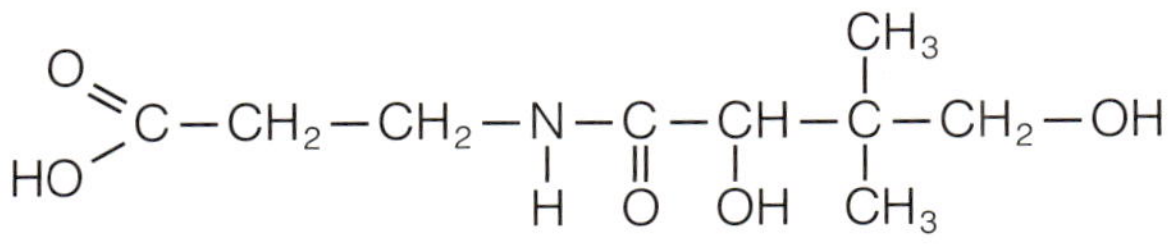

Panthothensäure

In der folgenden Tabelle ist das Verhalten der Vitamine gegen chemische und physikalische Einflüsse zusammengestellt. Das ist von Bedeutung für die Art der Zubereitung von Speisen. Wie aus der Tabelle hervorgeht, kann es dabei zu beträchtlichen Vitaminverlusten kommen.

Vitamin	Säure	Alkali	Sauer-stoff	Licht	Hitze	% Verlust beim Kochen der Speisen
Vitamin A	–	–	+	+	–	10 – 30
Vitamin D	–	+	+	+	–	gering
Vitamin E	–	–	+	+	–	50
Vitamin K	–	+	–	+	+	
Vitamin B_1	–	+	+	–	+	30 – 50
Riboflavin	–	+	–	+	+	0 – 50
Vitamin B_6	–	–	–	+	+	
Pantothensäure	+	+	+	–	+	0 – 45
Folsäure	–	–	+	–	+	0 – 90
Vitamin B_{12}	–	–	+	+	–	
Vitamin C	–	+	+	+	+	20 – 80

– beständig; + unbeständig

Beispiele für Avitaminosen:

A   Nachtblindheit, Verhornung, Wachstumsstörung

B_1 Nervenschädigung, Herzinsuffizienz

B_2 Wachstumsstörung, Schleimhautschädigung

C   Skorbut, Erkältungskrankheiten

D   Rachitis

E   Unfruchtbarkeit

K   Störung der Blutgerinnung

49.3 Hormone

Hormone werden von Drüsen im Körper gebildet und in die Blutbahn abgegeben. Sie steuern die Wirkung lebenswichtiger Organe, z. B. Wachstum, Reifung, Fortpflanzung, Kreislauf, Atmung, den Wärme-, Energie- und Flüssigkeitshaushalt. Bei Hormonmangel kann mit Präparaten therapeutisch geholfen werden. Mit Hilfe der Gentechnologie besteht heute die Möglichkeit, bestimmte Hormone herzustellen, ohne auf tierische Organe angewiesen zu sein, wie z. B. bei der Gewinnung von Insulin, dem Hormon zur Regelung des Blutzuckergehaltes.

50. Nachweisreaktionen *Anorganische Chemie*

50. Nachweisreaktionen im Überblick

50.1 Nachweisreaktionen der Anorganischen Chemie

In der folgenden Tabelle wird eine Übersicht über häufiger vorkommenden Nachweisreaktionen gebracht. Es handelt sich meist um Reagenzglasversuche. Die zu prüfende Substanz ist im Reagenzglas (1. Spalte). Dazu wird das Nachweisreagenzglas (2. Spalte) gegeben. Die für den Nachweis charakteristische Beobachtung ist in der 3. Spalte beschrieben. Auf Störungen der Nachweisreaktion durch andere Ionen wird in der 4. Spalte verwiesen.

Formel/Name	Nachweisreaktion	Beobachtung	Störung
Ag^+	Versetzen mit verdünnter Salzsäure	weißer Niederschlag, löslich in NH_3-Wasser	Pb^{2+}-Ionen
Al^{3+}	Versetzen mit sehr verdünnter Lösung von Alizarin S, Ansäuern mit verdünnter Essigsäure	roter Farblack	
Ba und Verbindungen	Flammenprobe	fahlgrüne Flamme	
Br^-	Versetzen mit $AgNO_3$-Lösung	weißgelber Niederschlag, unlöslich in verdünnter NH_3, löslich in $Na_2S_2O_3$-Lösung	I^--Ionen
Borsäure, Borate	Gemisch mit Methanol erhitzen, Dampf anzünden	grüne Flamme	
Ca und Verbindungen	Flammenprobe	ziegelrote Flamme	Li, Na
Ca^{2+}	Versetzen mit NH_4^+-Oxalat-Lösung	weiße Fällung, löslich in verdünnter HCl	Schwermetalle
Cl_2 (gelöst in Wasser)	KI-Lösung / Stärkelösung zutropfen	blaue Lösung	
CO (Gas)	a) Anzünden b) Einleiten in $PdCl_2$-Lösung	blaue Flamme schwarze Fällung	
Cl^-	Versetzen mit $AgNO_3$	weiße Fällung, löslich in verdünntem Ammoniakwasser	Br^-, I^-
CO_2 (Gas)	Einleiten in $Ca(OH)_2$-Lösung	weiße Fällung, bei längerem Einleiten Auflösung	

50. Nachweisreaktionen *Anorganische Chemie*

Formel/Name	Nachweisreaktion	Beobachtung	Störung
CO_3^{2-}	Versetzen mit verdünnter Salzsäure, entweichendes Gas in $Ca(OH)_2$-Lösung leiten	Schäumen, Gas bildet weiße Trübung in $Ca(OH)_2$-Lösung	
Co^{2+}	Versetzen mit NH_4SCN-Lösung + Aceton	blaue Lösung	
Cr^{3+}	Versetzen mit $NaOH/H_2O_2$-Lösung	gelbe Lösung	
CrO_4^{2-}	Versetzen mit $Pb(NO_3)_2$-Lösung	gelbe Fällung	I^-
Cu^{2+}	Versetzen mit konzentriertem NH_3-Wasser	tiefblaue Farbe	
Fe^{2+}	Versetzen mit $K_3[Fe(CN)_6]$-Lösung	Berliner Blau	
Fe^{3+}	a) Versetzen mit NH_4-SCN-Lösung b) Versetzen mit $K_4[Fe(CN)_6]$-Lösung	a) tiefrote Farbe b) Berliner Blau	
H_2 (Gas)	An der Luft entzünden	Knallgasprobe	brennbare Gase
H^+	Säure-Base Indikatoren	typische Farbe	
I_2 (gelöst)	Versetzen mit Stärkelösung	Blaufärbung	
I^-	Versetzen mit $AgNO_3$-Lösung	gelber Niederschlag	Br^-, Cl^-
K und Verbindungen	Flammenprobe	rotviolette Flamme	Alkali- und Erdalkalimetalle
Li und Verbindungen	Flammenprobe	karminrote Flamme	
Mg^{2+}	Versetzen mit NH_4Cl, dazu NH_3-Wasser, dann Na_2HPO_4-Lösung	weiße Fällung	
Mn^{2+}	Versetzen mit $(NH_4)_2CO_3$	weiße Fällung, an Luft braun	
MnO_4^-	Versetzen mit $H_2O_2/$ H_2SO_4-Lösung	Entfärbung	Reduktionsmittel

50. Nachweisreaktionen *Anorganische Chemie*

Formel/Name	Nachweisreaktion	Beobachtung	Störung
NH_4^+	Versetzen mit NaOH, erwärmen, Gas mit Indikatorpapier prüfen, vorsichtige Geruchsprobe	Gas reagiert alkalisch, Geruch von Ammoniak	
NO_3^-	Versetzen mit $FeSO_4$-Lösung unterschichten mit konzentrierter H_2SO_4	brauner Ring an Schichtgrenze	NO_2^-
Na und Verbindungen	Flammenprobe	gelbe Flamme	
Ni^{2+}	Mit NH_3-Wasser ammoniakalisch machen, dazu tropfenweise Diacetyldioxim	roter Niederschlag	Fe^{2+}, Co^{2+}, Cu^{2+}
O_2 (Gas)	Glimmspanprobe	Aufflammen	N_2O
PO_4^{3-}	a) Versetzen mit NH_3/ NH_4Cl-Lösung + Mg-Salz in Lösung	weiße Färbung	Schwermetallsalze
	b) Versetzen mit 5 Tropfen konzentrierter HNO_3, dazu Ammoniummolybdatlösung tropfen	gelbe Fällung	
Pb^{2+}	Versetzen mit KI-Lösung, erhitzen, abschrecken mit kaltem Wasser	gelbe Fällung, klare Lösung beim Erhitzen, goldgelbe Kristalle beim Abschrecken	
S^{2-}	Ansäuern, entweichende Dämpfe mit Bleiacetat prüfen, Vorsicht! Gift!	Schwärzung des Bleiacetatpapiers	
SO_3^{2-}	Versetzen mit konzentrierter H_2SO_4, vorsichtige Geruchsprobe, Gift!	stechender Geruch (giftig)	
SO_4^{2-}	Versetzen mit $BaCl_2$-Lösung	weißer Niederschlag	
Sr und Verbindungen	Flammenprobe	rote Flamme	Li, Na, Ca
Zn^{2+}	Versetzen mit Lösung von $K_4[Fe(CN)_6]$	weiße Fällung	Schwermetallsalze

50. Nachweisreaktionen *Organische Chemie*

50.2 Nachweisreaktionen der Organischen Chemie

In der Organischen Chemie geht es meist um den Nachweis von funktionellen Gruppen. Die dazu verwendeten Reaktionen sind nicht so spezifisch wie die Nachweisreaktionen für Ionen, bei denen Störungen auftreten können, die aber in einem Trennungsgang zu beseitigen sind. In der folgenden Übersicht ist in der 1. Spalte die übliche Bezeichnung der Nachweisreaktion genannt und in der 2. Spalte stichwortartig die Durchführung beschrieben. In der 3. Spalte ist die Beobachtung und in der 4. Spalte sind die nachgewiesenen funktionellen Gruppen bzw. Stoffklassen genannt.

Name der Reaktion	Durchführung	Beobachtung	Nachweis
Acetylidbildung	Einleiten in ammonialkalische $AgNO_3$-Lösung	weiße Fällung	CC-Dreifachbindung
Baeyersche Probe	Versetzen mit $KMnO_4$ in Na_2CO_3-Lösung	Farbänderung nach braun	CC-Mehrfachbindung
Beilsteinprobe	Substanz mit Cu-Blech erhitzen, Abzug!	grüne Flamme	Halogene
Biuret-Reaktion	Versetzen mit sehr verdünnter $CuSO_4$-Lösung in Natronlauge	violette Färbung	Harnstoff, Proteine
Bromwasser-Reaktion	Einleiten in Bromwasser	Entfärbung	CC-Mehrfachbindung
Chlorzinkiod-Reaktion	Versetzen mit Iod in $ZnCl_2$-Lösung + KI-Lösung	Violettfärbung	Cellulose
Elementaranalyse			
a) Beilsteinprobe	s. o.	s. o.	s. o.
b) Trockene Hitze- ersetzung	Substanz trocken erhitzen	schwarzer Rückstand	Kohlenstoff
c) Trockene Zersetzung in der Hitze	In die Dämpfe Pb-Acetatpapier halten	Schwarzfärbung	Schwefel
d) Zersetzen in Lösung	Mit Natronlauge kochen, in Dämpfe Indikatorpapier halten	alkalische Reaktion	Stickstoff
Fehling-Probe	Kochen mit Fehling I und II	ziegelroter Niederschlag	Aldehyde, Di- und Trihydroxybenzole
Fettfleckprobe	Öl auf Filterpapier tropfen	bleibender Fettfleck	fettes Öl
Iod-Stärkereaktion	Versetzen mit Iodlösung	Blaufärbung	Stärke
Iodoformprobe	Versetzen mit verdünnter Natronlauge, dazu konzentrierte Iodlösung	gelber Niederschlag	Ethanol, sekundäre Alkanole – 2 Aceton

50. Nachweisreaktionen *Organische Chemie*

Name der Reaktion	Durchführung	Beobachtung	Nachweis
Lignin-Reaktion	Versetzen mit Phloroglucin in konzentrierter Salzsäure	Rotfärbung	Lignin
Lukas-Probe	Mit $ZnCl_2$ in konzentrierter Salzsäure versetzen	Trübung mit unterschiedlicher Geschwindigkeit	primäre Alkohole keine Trübung, sekundäre Alkohole Trübung nach mehreren Minuten, tertiäre Alkohole Trübung sofort
Ninhydrin-Reaktion	Versetzen mit Ninhydrin-lösung	Violettfärbung	Aminosäuren, Proteine
Schiffsche Probe	Versetzen mit fuchsin-schwefliger Säure	Rotfärbung	Aldehyde
Seliwanow-Reaktion	Versetzen mit Salzsäure, dazu Resorcin	Rotfärbung	Fructose
Silberspiegelprobe	Erwärmen mit ammoni-alkalischer $AgNO_3$-Lösung	Silberspiegel	Polyole, Mono-, Disaccharide
Trommersche Probe	Versetzen mit Natronlauge, dazu $CuSO_4$-Lösung	tiefblaue Lösung	Polyhydroxy-verbindungen
Wassernachweis	a) Wasserfreies $CuSO_4$ dazugeben	Blaufärbung	Wasser
	b) Mit blauem Cobaltpapier prüfen	Rosafärbung	Wasser
Xanthoproteinreaktion	Versetzen mit konzentrierter HNO_3	gelbe Fällung	Proteine

Literatur- und Bildquellenverzeichnis

Literatur und Bildquellenverzeichnis

Beck/Häusler, Chemie 1 und 2, München 1983 – Belitz/Grosch, Lehrbuch der Lebensmittelchemie, Berlin 1985 – Beyer/Walter, Lehrbuch der organischen Chemie, Stuttgart 1981 – Brockhaus, Naturwissenschaften und Technik, Mannheim 1989 – Brown/Le May, Chemie, Weinheim, 1988 – Fabian, Atmosphäre und Umwelt, Berlin 1989 – Fonds der Chemischen Industrie, Folienserie 14: Tenside, 18: Chemie – Grundlage der Mikroelektronik, Frankfurt/M. – Gillespie, Molekülgeometrie, Weinheim 1975 – Häusler, Elementare Chemie 1 und 2, München 1980 – Häusler/Pfeifer/Rampf, Elemente der Zukunft: Chemie 1 und 2, München 1989 – Häusler/Rampf/Reichelt, Experimente für den Chemieunterricht, München 1991 – Heintz/Reinhardt, Chemie und Umwelt, Braunschweig 1990 – Holleman/Wiberg, Lehrbuch der Anorganischen Chemie, Berlin 1985 – Hunnius, Pharmazeutisches Wörterbuch, Berlin 1986 – Informationszentrale der Elektrizitätswirtschaft (IZE), Stromthemen, Frankfurt/M. – Naturwissenschaften im Unterricht – Chemie, Seelze – Praxis der Naturwissenschaften – Chemie, Köln – Riedel, Anorganische Chemie, Berlin 1990 – Schmidt, Anorganische Chemie 1 und 2, Mannheim 1967 – Stryer, Biochemie, Braunschweig 1979 – Vollhardt, Organische Chemie. Weinheim 1988.

Stichwortverzeichnis

Abdampfen 13
Abwasser 81
Addition 86, 95
Adsorption 14
Äquivalenzpunkt 64
Aerosol 10
Aktivierungsenergie 19, 71
Aldehyde 95
Alkalimetalle 42
Alkane 83, 88, 89
Alkansäuren 96
Alkene 85, 89
Alkensäuren 96
Alkine 86
Alkoholat 91
Alkohole 91
Amine 100
Aminocarbonsäuren 98
Ampholyte 61, 98
Amphoter 44, 99
Analyse 21
Aromatische Carbon-
　säuren 97
Aromatische
　Verbindungen 87
Arrhenius-Theorie 59, 61
Atomare Masseneinheit 27
Atombau 37
Atombindung 51
Atomhypothese 23
Atommasse 27
Atomradius 42
Avogadro-Hypothese 26
Avogadro Konstante 35

Basen 60
Basenkonstante 75
Benzol 87
Benzylalkohol 93
Bildungsenthalpie 76
Bildungswärme 76
Binäre Verbindungen 32,
　50, 58
Bindigkeit 52
Bindungsenergie 75, 76
Bindungslehre 32
Biochemischer Sauerstoff-
　bedarf (BSB) 82
Brönsted-Theorie 60, 61
Brownsche Bewegung 23

Carbonsäuren 96
Celluloid 111
Cellulose 110
Cellulosenitrat 111
Celluloseacetat 111

Chalkogene 46
Chemische Formel 30
Chemische Reaktion 19,
　21, 33
Chemolumineszenz 64
Chiralität 108
Chromatographie 14
Cis-Trans-Isomerie 88
Collodiumwolle 111
Coulombsches Gesetz 49
Cyclische Moleküle 88
Cyclohexan 88

Daniell-Element 69
Dekantieren 13
Destillieren 13
Detergentien 97
Diamant 45
Diazotierung 100
Dicarbonsäuren 97
Dichte 15
Diffusion 25
Dioxine 92
Dipol 52, 56
Dipol-Dipol-Wechsel-
　wirkung 56
Dipolmoment 56
Disaccharide 107, 109
Dissousgas 86
Dissoziationsenthalpie 76
Doppelbindung 51
Doppelbindungsregel 52
Dreifachbindung 52
Düngung 81
Dünnschichtchromato-
　graphie 14
Duroplaste 115

Edelgase 48
Edelgaskonfiguration 38
Edelgasschale 39
Einfachbindung 51
Eiweiß 99, 105, 106
Elastomere 115
Elektrolyse 68
Elektronegativität 52
Elektronenaffinität 28
Elektronengasmodell 57
Elektronenhülle 37
Elektronenpaarabstoßung
　55
Elektronenpaarbindung 51
Elektronenschalen 37
Element 9, 27, 29
Elementarladung 27
Emissionsspektren 43, 44

Emulgatoren 104
Energie 20, 75
Energiearten 20
Energieumsatz 19, 75
Energieumwandlung 20
Entschwefelung 77
Entstickung 77
Enzyme 72, 117
Erdalkalimetalle 43
Erdmetalle 44
Erstarren 24
Essentielle Aminosäuren
　98, 107
Essentielle Fettsäuren 96,
　105
Ester 103
Ether 93
Eutrophierung 82
Extrahieren 14

Fällung 82
Faulschlamm 82
FCKW 79, 85
Fehling-Probe 95
Fette 104
Fettsäuren 96
Filtrieren 13
Fischer-Projektion 108
Flotation 12
Fossile Energieträger 89
Fraktionierte Destillation
　17
Füllstoffe 115
Fullerene 45
Funktionelle Gruppen 90

Galvanisches Element 69
Galvanisierung 68
Gasdruck 25
Gasgesetze 25
Gefahrstoffe 16
Gemenge 9, 10
Gemisch 10
Geschwindigkeits-
　konstante 71
Gesetz
– von Avogadro
– von Boyle-Mariotte 25
– von der Erhaltung der
　Masse 22
– von den konstanten
　Proportionen 22
– von den multiplen
　Proportionen 22
– von Gay-Lussac 25

– von Gay-Lussac-
　Humboldt 25
Gitter 43
Gitterenergie 49
Gleichgewichtskonstante 73
Glykogen 110
Graphit 45

Halbmetalle 9, 41
Halogenalkane 85
Halogencarbonsäuren 97
Halogene 47
Haworth-Projektion 109
Hauptschalen 37
Homologe Reihe 83, 85
Hormone 119
Hydratation 53
Hydrierung 86
Hydrolyse 103, 110
Hydronium-Ion 60
Hydroxid-Ion 60
Hydroxycarbonsäuren 98
Hydroxylgruppe 91

Indikatoren 60
Inulin 110
Inversion 80
Ionen 28
Ionenbindung 49
Ionengitter 49
Ionenkristall 49
Ionenprodukt des
　Wassers 64
Ionisierungsenergie 28, 48
Isomerie 84, 89
Isotope 27

Katalyse 71
Kernladungszahl 27
Ketocarbonsäuren 98
Ketone 95
Kohle 87
Kohlenhydrate 107
Kohlenstoff 45
Kohlenstoffgruppe 45
Kohlenwasserstoffe 83
Kondensation 95, 103, 112
Kondensieren 24
Konfiguration 108
Kontaktverfahren 72
Konzentration 18, 37
Koordinationszahl 48, 49
Korrespodierende Säure-
　Base-Paare 74
Korrosion 70

126

Stichwortverzeichnis

Korrosionsschutz 70
Kovalente Bindung 51
Kunsthorn 112
Kunststoffe 111
Kupferseide 111
Kurzperiodensystem 39

Ladungszahl 49
Langperiodensystem 40
Laugen 59
Legierungen 10, 45, 57
Lewis-Formeln 51
Löslichkeit 15
Lösung 13
Lokalelement 70
London Smog 80
Los Angeles Smog 80
Loschmidtsche Zahl 35
Luft 17
Luftschadstoffe 77
Luftverflüssigung 17

Makromolekül 111, 113
MAK-Wert 18
Maßanalyse 64
Massenwirkungsgesetz 72
Mehrfachbindung 85
Mesomerie 87
Metallbindung 57
Metalle 9, 41
Metallgitter 57
Metastabil 76
Mischelemente 27
Modifikation 45, 46
Mol 34
Molare Masse 35
Molekülbau 28, 53, 88
Moleküle 26, 28
Molekülgeometrie 53, 55, 88
Molekülgitter 47
Molekülhypothese 26
Molekülkristall 53
Molekülmasse 28
Molvolumen 35
Monomere 112
Monosaccharide 107, 108

Nebengruppen 41
Neutralisation 61
Nichtmetalle 9, 41
Nitrocellulose 111
Nitroglycerin 93
Normalpotential 69
Normalwasserstoff-
elektrode 69
Nuklide 27

Oberflächenspannung 102
Öle 104
Oktettaufweitung 52
Oktettregel 39
Oligosaccharide 107
Optisch aktiv 108
Ordnungszahl 27, 39
Oxidation 65
Oxidationsmittel 65
Oxidationszahl 65
Oxonium-Ion 60
Ozon 77, 80
Ozonloch 79, 80

Papier 110
Peptidbindung 105
Periodensystem 39
Phasen 10
Phenole 93
Phosphoreszenz 46
Photochemische
Reaktion 80
pH-Wert 65
Physiologische Wirkstoffe 117
pK_B-Wert 74
pK_S-Wert 74
Polare Atombindung 52
Polarisierung 52
Polyaddition 115
Polykondensation 112
Polymerisation 95, 113
Polypeptide 105
Polysaccharide 107, 109
Polystyrol 114
Prinzip vom kleinsten
Zwang 73, 74
Prinzip von Le Chatelier 73
Proteine 106
Protein-Struktur 106
Protolyse 61, 62
Protonenzahl 27
Puffersystem 75

Radikale 77
Reaktionsenthalpie 75
Reaktionsgeschwindigkeit 71
Reaktionsgleichung 33
Reaktionskinetik 71
Reaktionsschema 33, 36
Redoxpaare 69
Redoxreaktion 65, 66
Reduktion 65
Reduktionsmittel 65
Regeln
– zum Aufstellen der
Formeln binärer Salze 50

– zum Aufstellen einer
Formel 31
– zum Aufstellen einer
Redoxgleichung 67
– zum Aufstellen eines
Reaktionsschemas 34
– zur Angabe des Atom-
zahlenverhältnisses 32
– zur Anordnung von
Elektronenpaaren 54
– zur Aufstellung einer
Neutralisationsgleichung 62
– zur Bestimmung der
Oxidationszahl 66
– zur Bezeichnung
isomerer Alkane 84
– zur Bezeichnung von
Salzen 62
– zur Formulierung binärer
Nichtmetallverbindungen 58
– zur Formulierung von
Salzen 21, 58
Reinelemente 27
Reinstoff 9, 14, 27
Relative Atommasse 27
Relative Molekülmasse 28
Resublimieren 24
RGT-Regel 71
Rosten 71

Säure-Base-Gleichgewicht 74
Säure-Base-Reaktionen 59
Säurekonstante 75
Säuren 59
Salze 49
Sauerstoffdarstellung 72
Saurer Regen 59, 77
Schlämmen 12
Schmelzen 24
Schmelzpunkt 15
Schweißen 86
Sedimentieren 12
Seifen 101
Sieden 24
Siedepunkt 15
Silicone 116
Siloxane 116
Smog 10, 80
Spannungsreihe 69
Spurengase 77
Stabilisatoren 115
Stärke 110
Stickstoffgruppe 46
Stöchiometrische Wertig-
keit 30, 41

Stoff
– Begriff 9
– Einteilung 9
Stoffmengenkonzentration 37
Stoffumsetzung 21
Stoffvereinigung 21
Stoffzerlegung 21
Sublimation 12, 24
Substitution 85, 86
Synthese 21

Tenside 101
Thermoplaste 115
TNT 87
Toluol 87
Treibhauseffekt 78
Treibhausgase 79

Überdüngung 81
Übergangselemente 40, 48
Ungesättigte Kohlenwasser-
stoffe 85
Umkristallisieren 14

Valenzelektronen 42
Valenzschale 39
Van-der-Waals-Bindung 56
Verbindungen 9, 10
Verdampfen 24
Verdauung 117
Verdunsten 24
Veresterung 103
Verseifung 103
Viskose 111
Vitamine 117

Wärmebewegung 23
Waschvorgang 102
Wasserhärte 63
Wasserstoffbrücken-
bindung 56, 91
Weichmacher 115
Wirkstoffe 117
Wirkungsgrad 20

Xylol 87, 89

Zellstoff 110
Zentrifugieren 13
Zonenschmelzen 15
Zusatzstoffe 115
Zustandsänderung 23
Zustandsarten 23
Zwischenmolekulare
Bindung 56
Zwitterion 98